入門 物流(倉庫)作業の標準化

バラツキを減らし、ムダとミスをなくす!

鈴木邦成［著］

日刊工業新聞社

はじめに

工場などの生産現場では効率化や品質管理の視点から標準化が推進されてきた。機器や設備の寸法や仕様を統一するだけでなく、一連の手順についてもマニュアルや手順書を設けて作業プロセスを明確化している。しかし、生産現場とは異なり、物流工程の標準化は立ち遅れていた。

けれどもここにきて物流工程についても標準化を推進する流れが加速されてきている。少子高齢化の進行や労働環境のホワイト化の推進などが大きな要因となり、物流工程に携わる労働力の質は多様化し、手順書を用意するなどして作業ルールをしっかり定めておかなければ、仕事量や作業効率に大きなバラツキが発生してしまうことになる。

また、近年はAI（人工知能）、IoT（モノのインターネット）などがさまざまなかたちで現場の効率化のために導入されてきているが、物流工程を標準化することでその導入もスムーズに進むことになる。

そこで本書は、物流工程の一連のプロセスに沿って作業標準化への流れを現場改善の視点を踏まえてわかりやすく解説する。

序章「標準化の必要性と進め方のポイント」では、標準化を行うことによって得られる効果と、その実践におけるポイントを解説する。標準化を進めるにあたっての考え方や方針をまとめている。

第1章「積込み・積卸し作業」では工場、倉庫、物流センターでの積込み、積卸し作業について標準化への道筋を解説する。同様に第2章「入出荷作業」では入出荷に関する一連の作業手順について、第3章「仕分け・ピッキング作業」では仕分け・ピッキング作業の効率化について、第4章「保管・梱包作業」では包装・梱包の手順について、それぞれ標準化の手順や方針について解説する。

そのうえで第5章「状況に応じた物流改善手順」では標準化により作業現場の課題がどのように改善されていくかを実践的な視点から紹介し、あわせて労災管理や防火管理のルール作りについても解説する。

なお、各章の前半に標準化の課題（実践事例）を1項目見開きで「改善前」と「改善後」の状況が理解できるように紹介し、章の後半で補足的な説明を加える構成とした。あわせて☆印をつけることで各項目の重要度も判断できるようにした。なお、イラストについては現場の雰囲気、イメージを伝えることを優先したので、必ずしも専門的な正確性を有しているわけではないこともお断りしておきたい。

本書を読むことで、工場や倉庫における物流工程のしくみと実務について読者の皆さんの理解がより一層深まり、日々の実務などに活用していただければ筆者の望外の喜びです。

2020年4月

鈴木邦成

目 次

序 章 標準化の必要性と進め方のポイント

第 1 章 積込み·積卸し作業

第2章　入出荷作業

標準化の事例

標準化のポイント

第3章　仕分け･ピッキング作業

標準化の事例

標準化のポイント

第4章　保管･梱包作業

標準化の事例

第 5 章　状況に応じた物流改善手順

標準化のポイント

資料編

序　章

標準化の必要性と進め方のポイント

なぜ標準化か？　―物流現場における標準化の必要性

標準化を推進することで、作業プロセスの品質を一定以上に保つことが可能になる。しかし、入荷、検品、仕分け、ピッキング、梱包、出荷などの物流工程は、生産工程とは異なり、工場にとっては副次的な位置付けで、そのため重要性は十分に認識されてこなかった。

しかし近年、外国人労働者、高齢者、女性などの従来とは質の異なる作業者が増えてきたことで物流プロセスがネック工程とならないようにより一層の標準化を進める必要が出てきた。検品やピッキングなどを作業手順に基づいて行い、「作業者によって時間や手順が異なる」といったバラツキをなくし、均一的な物流品質を高いレベルで保つことが重視され始めているのである。標準化・平準化はさまざまな分野で行われているが、工場における物流工程についても各作業者間で発生するバラツキを最小限に抑えることが可能になる。標準化を進めることで工場における入荷、検品、仕分け、ピッキング、梱包、出荷といった一連の物流工程の平準化も可能になる。

標準化されていない現場の課題

物流工程が標準化されていない現場を、1日の作業プロセスに沿って考えると、次のようになる。

まず、トラックが入荷バースで積卸しをするのに時間がかかる。トラックドライバー自身が積卸しをするのか、工場・倉庫側の作業者が積卸しするのか、あるいは双方が協力して行うのか、状況によって異なっている。そのため、トラック1台当たりの入荷に時間がかかり入荷待ちのトラックが列を作ってしまう。

入荷された物品は入荷検品を行うことになるが、入荷ロットはバラバラでそのために時間がかかってしまう。また作業者によって検品の手順や技量も異なり、ミスなくこなす作業者もいれば、ミスが多い作業者もいるという状況である。

保管に際しては、「どこに、何が、どれくらい保管されているのかわからない」「コンピュータ上の在庫と実在庫が異なる」「ロケーション通りに保管されていない」といった問題が発生している。

ピッキングの効率も悪く、通路で作業者どうしが鉢合わせしたり、通路渋滞が発生し、手待ち、荷待ちの時間が長くなり、作業がなかなか終わらない。そのために仕分け遅れ、出荷遅れなども発生してしまう。

出荷検品のやり方も作業者ごとにバラバラでミスも多く、誤出荷の大きな要因となっている。

多かれ少なかれ物流工程がこのような状態になっているのであれば、一刻も早い標準化による現場改善が必要になっているといえよう。

標準と標準化

「標準」とは「与えられた状況において最適な秩序を達成するための諸活動や成果に関する規則、指針に関する取り決め」である。また、「意識的に標準を作って、活用する行動」を「標準化」という。

こうした活動はさまざまな分野で行われている。そして物流工程においても標準化を推進することは、高度なロジスティクスを実践していくうえで不可欠なインフラストラクチャー（社会基盤）となる。標準化が行われなければ、輸配送、保管、梱包などの効率が上がらないというケースが出てくることになる。

物の標準化と事柄の標準化

標準化は「物の標準化」と「事柄の標準化」に大きく分けられる。

(1) 物の標準化

「物の標準化」とは、たとえば、パレットやコンテナの型や材質、サイズなどの規格を定めることである。JIS（日本産業規格）ではパレット、国際貨物コンテナをはじめ、産業用ラック、コンベヤ、トラックの荷台、フォークリフト、無人搬送車システム、保管施設（産業用ラック、立体自動倉庫、冷凍・冷蔵ショーケース）などについての規格が定められている。

工場単位、倉庫単位、さらには企業全体、複数企業間で段ボール箱、パレット、コンテナなどの物流容器の標準化を進めることで効率化を推進することが可能になる。

(2) 事柄の標準化

「事柄の標準化」の事柄とは、業務、作業を行ううえでの規定や規則、責任権限などである。その標準化とはたとえば、受け入れ検査や在庫管理にさまざまな標準を設けることなどがその一例である。

標準化を推進することによって、さらなる品質の向上やより徹底した数量管理が可能となる。また、安全を組織的に管理することも事柄の標準化の1つで、作業管理上の重要な目的である。

JISで定められている基準の中では、ユニットロードの安定運転試験方法やユニットロードシステム通則、パレットシステム設計基準、フォークリフトトラック安全基準、フォークリフトトラック安定度及び安定度試験、無人搬送車

標準化の概要

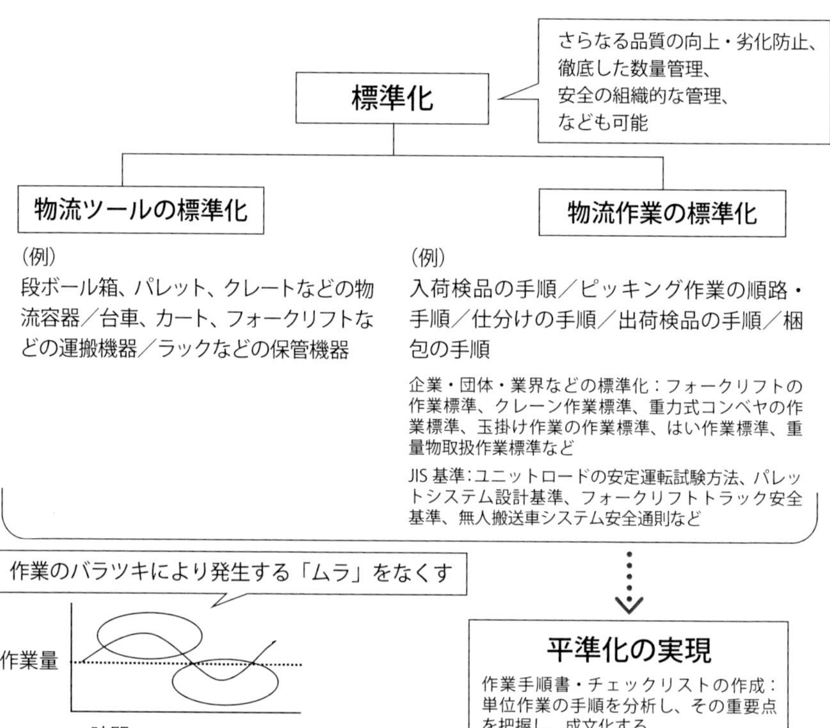
標準化
さらなる品質の向上・劣化防止、
徹底した数量管理、
安全の組織的な管理、
なども可能
物流ツールの標準化
物流作業の標準化
(例)
段ボール箱、パレット、クレートなどの物流容器／台車、カート、フォークリフトなどの運搬機器／ラックなどの保管機器
(例)
入荷検品の手順／ピッキング作業の順路・手順／仕分けの手順／出荷検品の手順／梱包の手順
企業・団体・業界などの標準化：フォークリフトの作業標準、クレーン作業標準、重力式コンベヤの作業標準、玉掛け作業の作業標準、はい作業標準、重量物取扱作業標準など
JIS基準：ユニットロードの安定運転試験方法、パレットシステム設計基準、フォークリフトトラック安全基準、無人搬送車システム安全通則など
作業のバラツキにより発生する「ムラ」をなくす
作業量
時間
平準化の実現
作業手順書・チェックリストの作成：単位作業の手順を分析し、その重要点を把握し、成文化する

検品、ピッキング、仕分け、梱包などについて作業時間のバラツキの解消、業務量の可能な限りの均等化の達成

システム安全通則などは、事柄の標準化といえる。

また、荷役・運搬作業の安全管理として、フォークリフトの作業標準、クレーン作業標準、重力式コンベヤの作業標準、玉掛け作業の作業標準、はい作業標準、重量物取扱作業標準などが各企業、団体で使用されている。

標準化に対応した作業手順書の作り方は、単位作業の手順を分析し、その重要点を把握し、成文化するというプロセスをとる。さらに作業標準などを徹底的に浸透させるために、作業計画書やチェックリストを作成することもある。

加えて、作業の標準化などでは「人の標準化」も重要となる。具体的にいうと、社内教育や社外研修などで使用する訓練規定、業務割当規定などの作成がある。有資格者にも適時、継続教育、再教育を行い、技能アップを図るというかたちで、作業効率のアップにつながる独自の社内標準を設けている企業などもある。

標準の種類

標準は「規定」「規程」「規則」などと呼ばれることもある。

ちなみに経済産業省や標準化団体などの機関で定められた基準のことを「デジュールスタンダード」、企業間の市場競争の結果決まった基準のことを「デファクトスタンダード」と呼んでいる。そして物流・ロジスティクス領域にもデジュールスタンダードの他に多くのデファクトスタンダードが存在する。

(1) デジュールスタンダード

デジュールスタンダードとは、ISO（国際標準化機構）規格やJISのように公認された機関で定められた基準、標準のことである。デジュールスタンダードには、公認された第三者機関が「製品などが所定の規格に適合しているかどうか」を確認し認める認証制度を有しているものもある。たとえば、「JISマーク表示制度」はそうした認証制度の1つである。

また貿易協定などを締結した場合、協定加盟国に国際規格などを取り入れるように求められることもあるが、それは多くの場合、デジュールスタンダードとなる。

物流においても、物流機器などに多くのJISが取り入れられている。たとえば、包装用語については産業標準化法に基づいてJISが定められている。包装用語JIS（Z 0108）は商業包装や輸送包装、真空包装、表示などの包装一般、段ボールや金属缶、ウレタン樹脂などの包装材料などに関して用いられる用語について、その意味が詳しく定義されている。

(2) デファクトスタンダード

デファクトスタンダードとは、企業間の市場競争の結果決まった基準のことを指す。1980年代後半以降、多くの企業がデファクトスタンダードを意識した戦略をとるようになった。企業競争の結果、使用者にとっては複数の規格が乱立、混在しているよりも、1つの標準に収れんされる（単一の規格に統一される）ことで便益が高くなる。

(3) 国際標準、国家標準、業界標準、社内標準

標準のレベルは、国際標準（世界標準）、国家標準、業界標準、社内標準のように、その標準が適用される規模や地域によって分類することもできる。

ただし、それぞれの標準が大きく異なっていれば標準化の利点が損なわれることもある。たとえば、社内標準が業界標準や国家標準と異なっていると、効率が悪くなるケースも出てくる。

また、国家標準が国際標準と異なっていれば、それによってグローバルな視点からの物流工程を考える場合においてマイナス材料が出てくることもある。

標準化の原則

標準化を進めるにあたっては「分類化」「単純化」「統一化」、そして「見える化」についても徹底することが望ましい。

(1) 分類化

大型、中型、小型などのように分類を行うことは、標準化を進めるうえで重要である。複雑に存在する品目や手法を整理し、場合分けすることにより使用しやすくなる。

(2) 単純化

標準化を進めるにあたっては、多くのものが複雑なかたちで存在することは避けなければならない。すなわち取り扱う品目をできるだけ少なくする必要がある。

たとえば、パレット作業の標準化を進める場合、パレットの種類が多く、材質なども多岐にわたれば、作業効率は悪化する。したがって、できるだけ種類を少なくすることがわかりやすくなることにつながる。単純化（少数化）を図ることで標準化が容易になるといえよう。

(3) 統一化

単純化をさらに進めて統一化することにより標準化が実現できる。複数の方式（やり方）や、いくつかの種類が選択肢にあれば、使用者はそれぞれ自分の好みの方式や種類を選ぶことになり、足並みが揃わない。統一化を行うことでそうした足並みの乱れを防ぐことができる。

物流における標準化を考える場合、社内標準や国家（日本）標準が国際標準と異なる場合の対応がもっとも大きな課題といえる。

たとえば、パレットのサイズに関しては、わが国では長さ1100mm×幅1100mmが普及している。しかし、国際物流が活性化する流れの中で、わが国の標準とは異なるかたちの世界標準が必要となってきている。

というのはEU（欧州連合）では800mm×1200mmのパレットが標準サイズとされているし、オーストラリアでは1165mm×1165mmが主として使用されている。また使い捨てのパレットが主流で、わが国のように生産拠点から販売拠点までの一貫輸送用のパレット（プールパレット）が普及していない国もある。

このようにわが国とはまったく異なる物流事情の国々が、それぞれ独自の標準のパレットを採用している。したがって効果的なグローバル物流の構築にあたっては、EUやオーストラリアなどの標準仕様にも対応していかなければならない。

(4) 見える化

物流現場の見える化を図ることも標準化を進めるうえで重要となる。なかでも物流工程の見える化を進めるにあたり保管エリアのロケーション管理をしっかり行うことはきわめて重要である。

たとえば、入庫、棚入れ作業において工場倉庫などでは、材料や資材、部品などが入荷されると、その都度、保管スペースを定めることがある。しかしこれでは「どの物品が、どこにあるのか」がわからなくなる危険がある。また入庫、棚入れ自体も時間がかかってしまうかもしれない。つまり工場内や倉庫内が荷繰(にぐ)りや荷探しが起こりやすい環境になってしまう。もちろん、それは荷役コストにも大きく影響することになる。

こうした問題を解消し、入庫・棚入れを効率的に行うにはロケーション管理の導入が不可欠となる。固定ロケーションやフリーロケーションを導入し、しっかりとロケーション管理を行う必要がある。

固定ロケーションは、物品別に格納エリア、保管エリアに所番地をきちんと設けて管理する方式である。これに対してフリーロケーションは、空スペースとなっている任意の所番地に商品を順次格納していく方式である。

固定ロケーションかフリーロケーションか、どちらを用いるかは取扱い品目や入出荷量、在庫量、物流システムの特徴などを総合的に考慮して決定するが、重要なことは「どの物品が、どこに格納・保管されているのか」をしっかりと把握し、それを作業者に対して見える化をしておくということになる。

工場における物流工程

工場の物流工程は、入荷関連業務と出荷関連業務に分けて考えることができる。

入荷関連業務は、サプライヤー（供給業者）などからの部品、資材、食材などの調達に際して、納品トラックにより荷物が到着し、積卸しを経て行われる

工場における物流工程

入荷・入庫 → 在庫・保管 → 出庫・出荷

実績管理／進捗管理
入庫作業・入荷検品、出庫作業（ピッキング、仕分け）、出荷検品など

入荷予定情報 入荷検品 格納・ロケーション （指示・登録）	→	在庫ロケーション （登録・変更など） 格納・ロケーション （指示・登録）	→	出荷（指示・登録） 在庫引当・解除 ピッキング指示 出荷検品

明細書作成機能
入荷／出荷明細報告書、運賃明細書、運賃明細報告書、保管料・荷役料明細請求書などの作成

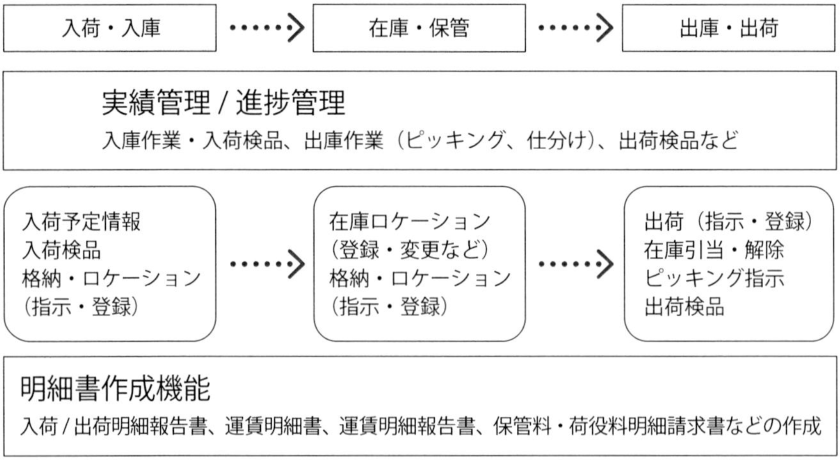

一連の作業を指す。入荷検品および入庫、保管までの作業である。入荷検品に時間がかかれば、それに続く一連の作業に大きな遅れが生じることになる。したがって、標準的な作業手順を設定し、可能な限り作業時間などを平準化することで対応しなければならない。

出荷関連業務は、出荷依頼を受けて、部品や製品を生産ラインから直接、あるいは在庫・保管エリアからピッキングして、出荷エリアで方面別、納品先別などに仕分けし、トラックに積込み、出荷バースから出荷する一連の作業を指す。この業務が遅れれば、納品遅れなどにつながり、ひいては取引先の信用を失うことにもなりかねない。また、ピッキング作業や仕分け作業が不正確であれば、誤出荷につながり、取引先に多大な迷惑をかけることになる。

物流コスト管理・物流KPI管理と標準化

標準化は、「物流コスト管理」と「物流KPI（主要業績評価指標）管理」を踏まえて進めていく。

「標準化を実現することで、どれくらいコストを削減することができるのか」

物流KPI管理の導入による標準化のPDCA

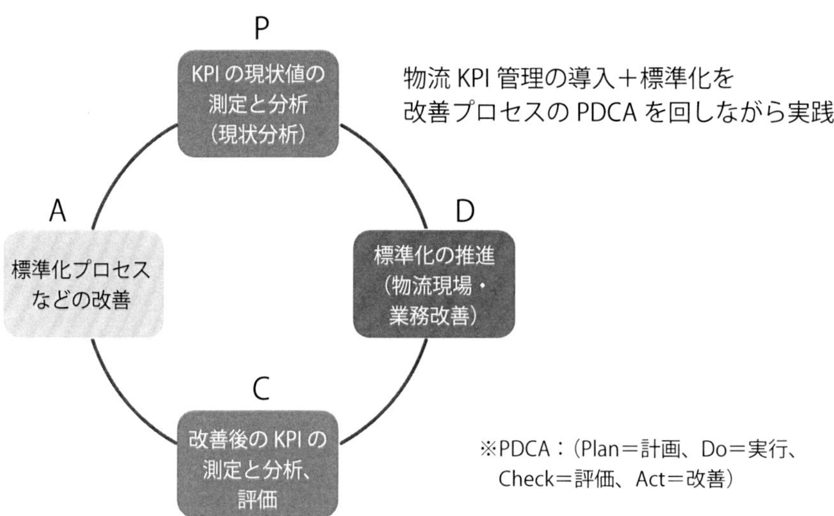

を念頭に置き、可能ならばコスト削減の試算を行う。たとえばPPバンド、ガムテープ、段ボール箱、パレットなどは標準的な使用量や活用方法を決めることでムダなコストを削減できる可能性がある。またピッキングや検品、仕分け作業などは、標準的な手順を導入することで作業人員を削減できたり、作業ミスを少なくしたりすることが可能になる。

また、物流KPI管理を導入することで作業改善状況の一層の可視化も可能となる。たとえば「ピッキングの標準化によりどれくらい作業効率が改善されたか」という点について、誤ピッキングの発生行数をチェックして誤ピッキング率（%）［誤ピッキング発生行数÷全ピッキング行数×100］を求めることで、ミスの発生頻度を把握し、そのうえで標準化による改善で達成すべき目標値を設定するのである。

すなわち、物流KPI管理をPDCAサイクル（Plan＝計画、Do＝実行、Check＝評価、Act＝改善）を導入しながら実践し、現場改善を標準化の視点から進めていく。

標準化による作業平準化の実現

作業量のバラツキを抑えて平均化することを「平準化」というが、作業の標準化を進めることで平準化を実現することも可能になる。

とくに各作業者の業務量の平準化を図るためには、「各作業量がどれくらいで、どれくらいの作業頻度と作業量で処理すれば、均一化されるか」を知る必要がある。標準化された作業手順で標準的な作業頻度と作業量をこなすことが平準化への足掛かりとなることもある。そのためには作業手順書などの作成も不可欠となる。

ABC分析の導入

標準化を実現するためには「ABC分析」の理解と導入が欠かせない。

物品ごとに売上高・出荷量などを把握し、全体に占める各物品の売上高・出荷量などの割合を出す分析方法のことを「ABC分析」という。

ABC分析では、一般的に全体の70〜80%程度の出荷・売上を占める商品を

A品目（高頻度品）、10～20％程度を占める商品をB品目（中頻度品）、残りをC品目（低頻度品）とし、高頻度品を中心に管理するといったやり方がとられている。分類ごとにカテゴリー、アイテム数を管理する。

物品のライフサイクルも見極める必要がある。出荷量が落ちてきている物品については注意が必要である。あっという間に不動在庫になる恐れもある。

さらに売上高、出荷量などを部分的に見るだけでは不十分である。「新商品なのか」「売れ行きが伸び続けているのか」で在庫管理も発注方法もまったく異なる。「安定して売れているのか」「売れ行きが落ち込んできたのか」といったことを把握することで適切な在庫管理ができるようになる。物品が導入期、成長期、成熟期、衰退期のいずれかにあるかで、保管レイアウトや作業者の動線の作り方も大きく変ってくる。

たとえば出荷頻度の高い物品のピッキング作業などに付随する倉庫内移動距離は可能な限り短くしたい。そこでピッキングエリア内では、出荷頻度の高い物品を出荷口に近い場所に集中させる。ABC分析を踏まえて出荷頻度別に物品の配置を決めるのである。

出荷頻度の高いA品目の物品は出荷バースにもっとも近いところに置く。頻繁に出荷する物品が出荷バースに近ければ、作業時間や作業者の歩行距離の大幅な短縮が可能になる。

次いでB品目（中頻度品）、C品目（低頻度品）の順に出荷バースに近いところから配置する。比較的、出荷頻度の低い物品は出荷バースから離れていても作業の進捗に大きな影響を及ぼさない。

季節波動、曜日波動などに応じてピッキングエリアのレイアウトは適時、変更することも効果的である。季節や曜日などの状況に応じてA品目の物品が変化することがあるからである。また出荷頻度の大きかった物品がモデルチェンジなどの影響で頻度が下がることもある。出荷量、出荷頻度は適時、チェックする必要がある。

倉庫施設の標準化

倉庫内の作業で用いる固定ラック、パレット、段ボール箱などの標準化を進めることで作業プロセスもスムーズな標準化が実現しやすくなる。しかし、それに加えて、倉庫施設自体の標準化も忘れてはならない。高度なオペレーションの実践を念頭に設計、建築された現代的な施設を上手に活用することで作業標準化はより効果的になるといえよう。

物流工程の一連のプロセスは倉庫で行われることになるが、近年は倉庫のイメージが大きく変わりつつある。

倉庫業法では、倉庫とは「物品の滅失、損傷を防止するための工作物、あるいは工作を施した土地、もしくは水面で物品の保管の用に供するもの」とされている。ただし一般にはモノを保管する場所のことを倉庫と呼んでいる。それゆえ、「モノを保管するだけならば、それほど倉庫の仕様にこだわることはないだろう」という考え方もあったが、現代物流では作業効率の向上などを念頭に倉庫が設計、建築されることが増えている。

実際、現代物流では倉庫に入っているのはモノだけではない。値札付け、箱詰めなどの流通加工が行われることも多く、標準化を行ううえでの作業環境の整備の意味合いからも施設自体の標準化も求められているのである。

たとえば、倉庫の天井高は固定ラックを3段で設置することを前提に5.5m～6mとなっていることが多い。また事務室や会議室、応接室、作業員の食堂や更衣室、あるいは洗面所、浴室なども完備していることが望ましい。空調設備も必要である。

さらに複数荷主がテナントとして入居する多くの大型倉庫では、各フロアにトラックでダイレクトに納品できるように自走式のスロープが設けられている。

納品のトラックが接車するトラックバースの大きさや高さ、荷捌き、検品、ピッキングなどの作業現場の照度、雨天作業に際しての庇（ひさし）の長さや保管効率の視点から考えた梁（はり）の程度に至るまで、人間工学の視点も取り入れて、作業のしやすい施設環境が構築される事例が増えている。

スペックが標準化された倉庫を使うことで、「その規模の倉庫ならばどれくらい固定ラックを導入することができ、どれくらいのパレット、フォークリフト、台車、段ボール箱を使うことになるだろう」という見込みが立ちやすくなり、「どのようなオペレーションが、どれくらいの作業時間、人員で、どれくらいの量をこなすことが可能か」ということも可視化されてくるのである。

第１章

積込み・積卸し作業

標準化の事例

1-1 効率的な積み付けの位置

☆☆☆

改善前 積込み、積み付けの方法が作業者により異なるため、トラックへの荷物の積込み、積み付けに時間がかかってしまう。

? 現状と問題点

荷物がトラックの荷台の左右、あるいは前後などに偏っている。

軽量物の上に重量物が置かれていたり、荷物の上下（天地）が逆になっていたりすることがある。

フォークリフトを用いたパレット上への荷物の積み方が統一されていない。

トラックの
荷台の前方に
荷物が片寄ってるなぁ…

パレットを利用する場合

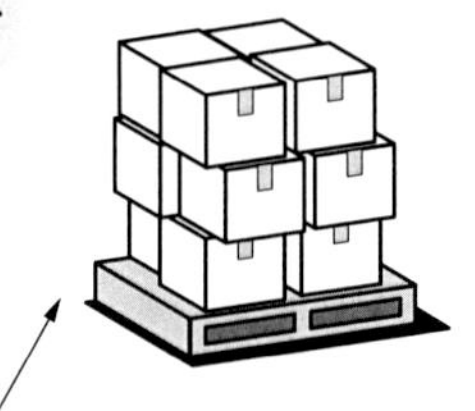

ストレッチフィルムなどが
使われていないので
積み付けが不安定

改善案

トラックに積み付ける荷物の位置を荷台の重心に置くように指示を徹底する。段ボール箱などの天地が逆にならないように確認を怠らないようにする。また、パレット上の積み付けは「交互積み」か「レンガ積み」を奨励し、やむを得ず「ブロック積み」を行わなければならない場合は固定バンドで固定することとした（積み付けパターンはP.51参照）。

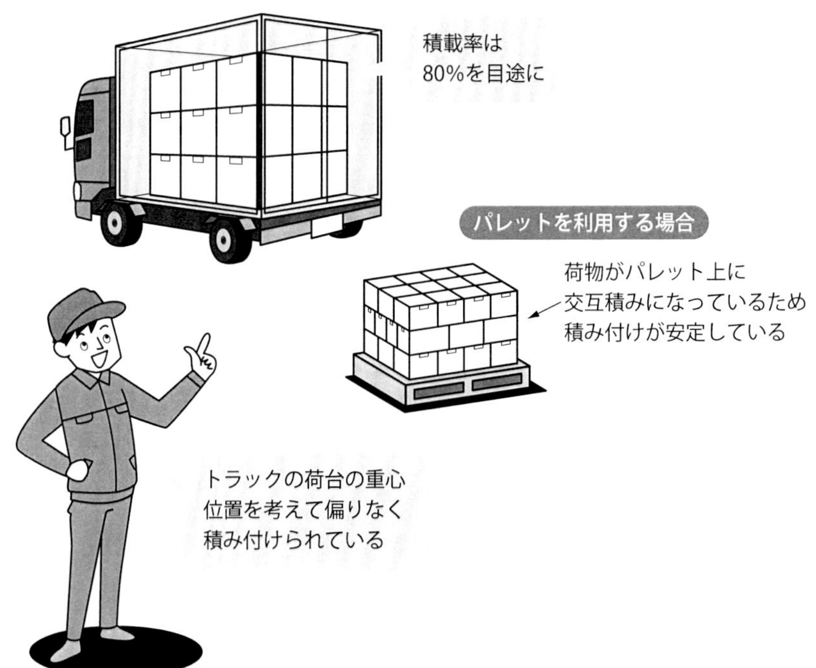
積載率は
80%を目途に
パレットを利用する場合
荷物がパレット上に
交互積みになっているため
積み付けが安定している
トラックの荷台の重心
位置を考えて偏りなく
積み付けられている

改善の視点：荷台の重心

積み荷の荷崩れについては十分に注意する必要がある。一般にトラックの荷台の振動は大きく、荷崩れのリスクを常に負っている。そのため、荷台の重心に荷物をきちんと置かなければ、荷台の左側や右側、あるいは前方や後方に荷物が偏ることで、荷崩れが誘発される。

また、過積載となることがないように注意する。

標準化のポイント解説は ☞ 32ページ

1-2 積卸し方法

☆ ☆ ☆

改善前

積卸しについて手順などが標準化されていない。そのため作業時間にバラツキが出ている。また積卸しの過程で荷崩れが発生したり、不安定な足場での作業を余儀なくされることもある。

? 現状と問題点

フォークリフトと人力作業を組み合わせて、トラックの荷台から段ボール箱を卸している。フォークリフトの作業者はフォークリフトの爪を差し込んだパレットを荷台の高さまで上げて、そこに別の作業者が手作業で荷物を卸すかたちをとっている。なお、やむを得ない理由から積卸しエリアの床面が傾斜している。

傾斜地での作業は危険！

改善案

安全面を配慮して積卸しエリアは足元が安定する平坦な床面とし、そこで作業をすることを徹底する。また、フォークリフトの爪はきちんと最下部まで下ろして作業を行うこととし、パレット上に荷物を載せるようにする。また、トラックの荷台上では作業を行わないように徹底する。

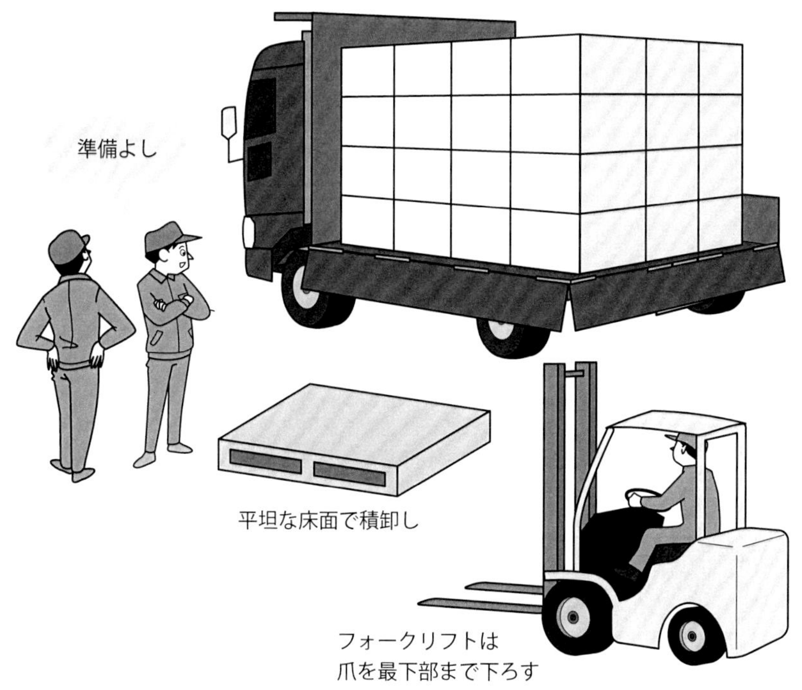
準備よし
平坦な床面で積卸し
フォークリフトは
爪を最下部まで下ろす

改善の視点：足元の安定

積卸しに際して足元が不安定であれば、作業時の事故を誘発することになりかねないので、必ず安全な位置・姿勢を確保することとした。また、積卸しに際しては手作業でパレット荷を扱うことがないように手順を決めたフォークリフト荷役を徹底させることにした。

標準化のポイント解説は ☞ 33ページ

標準化の事例

1-3 過積載・過密運行の防止

☆ ☆ ☆

改善前 **積込みは積載率の向上を念頭に行っているが、そのため過積載の発生をとくに配慮することはなかった。また定期便に加えチャーター便も運行しており、ドライバーに負担を強いる過密運行になっているという指摘を受けた。**

? 現状と問題点

荷主からトラックドライバーに対して「これもついでに積んでくれると助かる」「どうしても納期に遅れるわけにはいかないからムリをしても急いでもらいたい」などの依頼がある。過積載や過密運行に対する配慮は、これまで十分に行われてきたとはいえない。

頑張ればこちらの
荷物も載せられると
思うんだけど…
そんな…
断れないなぁ…

ドライバー　　工場側の管理者（荷主）

改善案

納期順守のためにムリな積込みをドライバーに強要することがないようにする。常にトラックの最大積載量を超えていないかを確認する。多頻度小口納入などの必要から物流事業者に過密運行を強いることは、荷主の配慮義務違反に該当することを周知徹底する。

※最大積載量＝車両総重量－（車両重量＋乗車定員重量）

過積載にならないように
注意しなければいけませんね
これで最大積載量を
オーバーすることは
ありません
この４トン車に荷物
を積み込むのはこれ
で終わりです。
大丈夫ですね

改善の視点：過積載の遠因

過積載や過密運行が発生する遠因としては、工場倉庫、物流倉庫における出荷計画に問題があるケースも少なくない。緊急出荷となる補充品などを定期便にムリに押し込もうとすることにより過積載が発生したり、必要以上の頻度で行われる多頻度小口納入が過密運行を強いたりすることもある。荷主が物流事業者に対して十分な配慮を行うことが義務付けられているのである。

標準化のポイント解説は ☞ 34ページ

標準化の事例

1-4 ストレッチフィルムの巻き付け方

☆☆

積込みにあたってパレットに巻き付けるストレッチフィルムの使い方がバラバラである。きちんと巻き付けられない作業者もいる。

? 現状と問題点

ストレッチフィルムの巻き付け方に関する作業手順書が作成されていない。

ストレッチフィルムを巻き付けたあとの荷姿を作業者がよく確認していないことがある。また、巻き付けたあとに荷姿を整えるといった配慮はとくに行っていない。

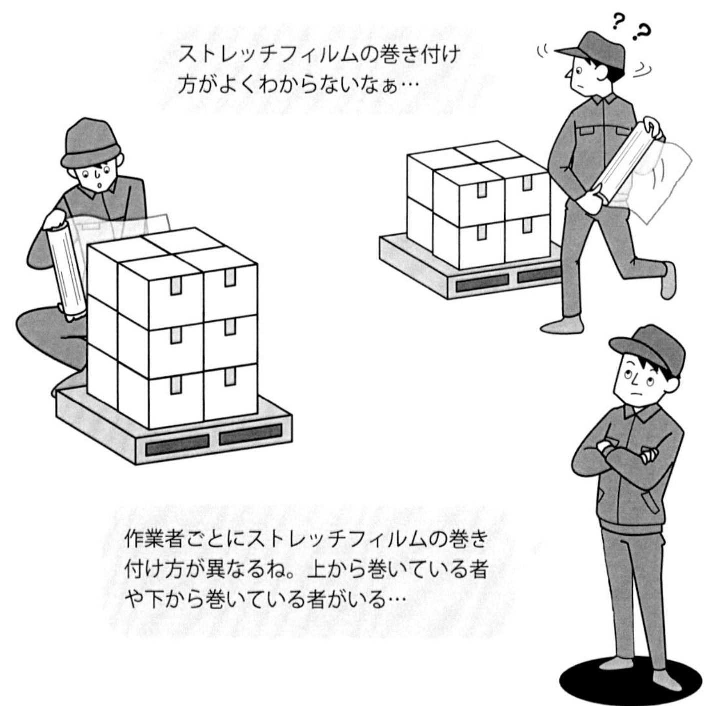

ストレッチフィルムの巻き付け方がよくわからないなぁ…
作業者ごとにストレッチフィルムの巻き付け方が異なるね。上から巻いている者や下から巻いている者がいる…

改善案

ストレッチフィルムの巻き付け方について、手順書を作成し、統一した（P.35参照）。また、荷姿が似ている輸送物については物品の識別に活用するために透明なストレッチフィルムに加えて、カラータイプのものも基準を設けて採用することにした。なお、荷物を締結するラッシング（固縛）ベルトについても使い方の確認を徹底することにした。

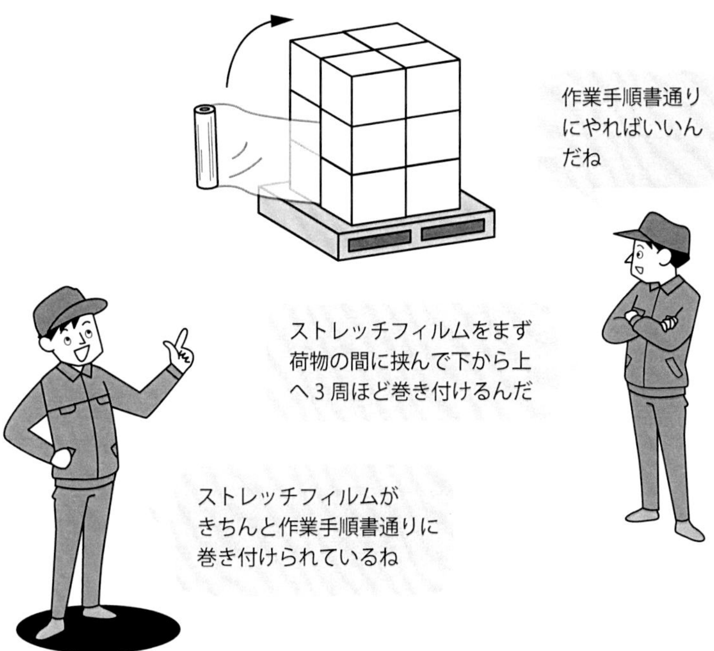

作業手順書通りにやればいいんだね
ストレッチフィルムをまず荷物の間に挟んで下から上へ3周ほど巻き付けるんだ
ストレッチフィルムがきちんと作業手順書通りに巻き付けられているね

改善の視点：荷崩れ、荷割れの回避

工場などから出荷するトラック荷台のパレット上の段ボール箱は、ストレッチフィルムで補強されていないと荷崩れや荷割れが発生しやすく、積載されている荷物の破損、汚損を招くことがある。またストレッチフィルムは雨風や砂ぼこりなどから荷物を守る防水や防塵の機能もある。

標準化のポイント解説は ☞ 35ページ

標準化の事例

1-5 積込みに使う台車・カゴ台車の管理

☆☆☆

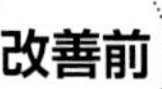

積込みに使う台車やカゴ台車の管理がしっかりしていないために、台車の行方不明や紛失が数多く発生している。使い方のルールも明確化されていない。

? 現状と問題点

作業者と台車・カゴ台車が倉庫内で衝突したり、放置した台車が動き出してしまったりすることがある。また不安定な状態の積み荷をかかえて運搬していることも散見される。さらに台車やカゴ台車の保管方法がきちんと決まっていない。台車やカゴ台車の保有数を正確に把握している作業者はほとんどいない。また、保管場所は一応、定められているが、使用後に戻されていないことも多い。各作業者が自分の都合で手元に置いておくこともある。

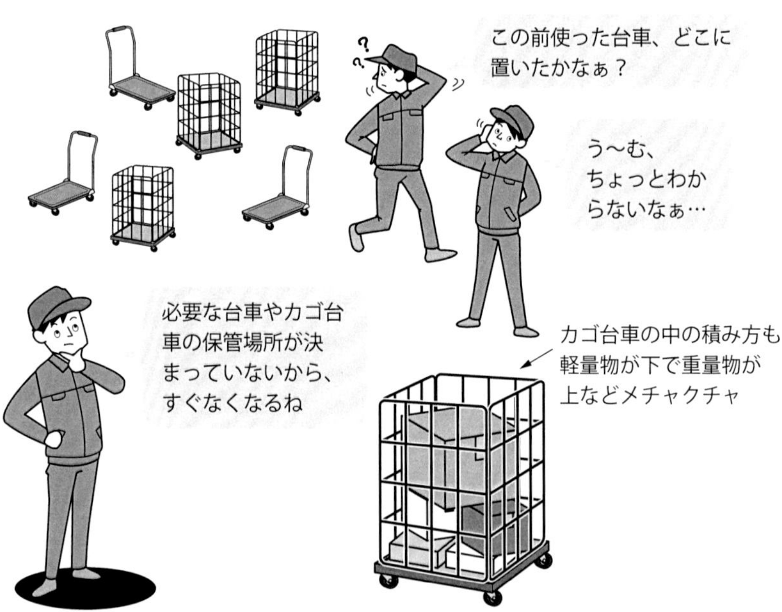

この前使った台車、どこに置いたかなぁ？
う～む、ちょっとわからないなぁ…
必要な台車やカゴ台車の保管場所が決まっていないから、すぐなくなるね
カゴ台車の中の積み方も軽量物が下で重量物が上などメチャクチャ

改善案

次の4点を徹底した。

①使用にあたってコーナーなどの死角が発生する場所では必ず一時停止する

②積卸しに際しては必ずストッパーをかける

③荷物などを積み上げすぎないように注意して、重い荷物を下に、軽い荷物を上に置く

④使用後は速やかに所定の保管場所に戻す

工場内の通路のコーナーでは台車は一時停止。
台車上には過度に荷物は積み上げない

カゴ台車、台車の保管スペースをきちんと決めたし、使用マニュアルも整理したよ

使用後はすぐに所定の場所に戻す。すぐ使うからといって使用後置きっぱなしにしないことを徹底する

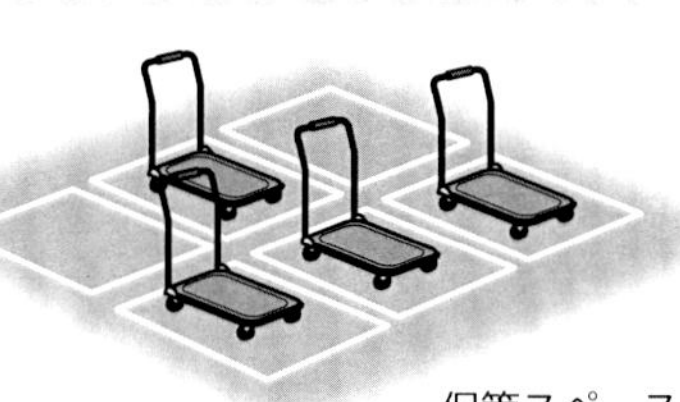

保管スペース

改善の視点：台車に頼りすぎない

台車に頼りすぎることで物流効率が低下することも少なくない。平台車などを大量に庫内で使うことになれば、使用後の保管場所を広く確保する必要が出てくる。また荷物（物品）の形状がバラバラであると運搬中に荷崩れが生じて、荷物が傷んでしまうリスクもある。台車の適正数を考えて活用する必要がある。

標準化のポイント解説は ☞ 36ページ

さまざまな荷物に応じた対応を ☆☆☆

荷物に応じて荷締め、トラック荷台の後部扉の施錠などを徹底する。

荷物は、積込み・積卸し作業などに支障が出ないように注意したうえで、荷台の前方・後方や左右に空きスペースが可能な限り生じないように積み付ける。荷崩れ防止ベルトや滑り止めシート、保護緩衝材などの荷扱い器具を適時、用いる。「天地無用」などのJIS（日本産業規格）の荷扱い図記号などを順守する。また荷姿が同一の梱包荷物の場合、交互に積み付けるなど、積み付けパターンを変えて対応する。パレット上の積み付けについてもJISを用いる。

荷台への荷物積込みのポイント

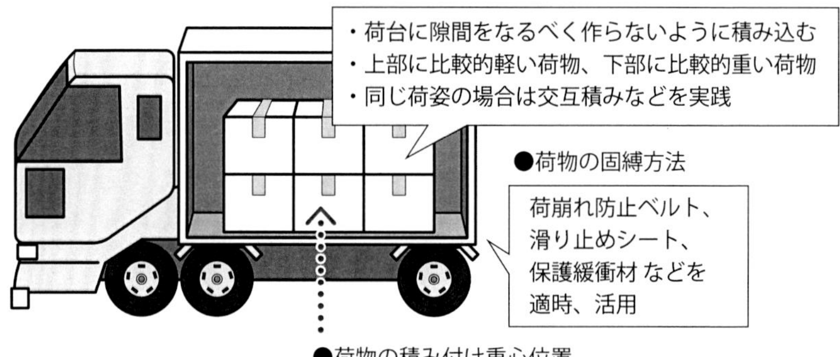
・荷台に隙間をなるべく作らないように積み込む
・上部に比較的軽い荷物、下部に比較的重い荷物
・同じ荷姿の場合は交互積みなどを実践
●荷物の固縛方法
荷崩れ防止ベルト、
滑り止めシート、
保護緩衝材 などを
適時、活用
●荷物の積み付け重心位置
●荷崩れの防止のための確認事項
・荷物の積み付け重心位置
・荷物の固縛方法
積み荷全体のバランスを考え、重心位置をトラック荷台の中心部として、前方や後方に荷物が偏らないように積み込む

データを適時チェック

荷崩れに加えて、汚損・破損の有無がどれくらいの頻度で発生しているのかを常にチェックするようにする。また、トラックの積込みにどれくらいの時間がかかっているのかもチェックする。積込みやその荷待ちに時間がかかりすぎたことで出荷時間が遅れたり、納品期限に間に合わなかったりする事態が発生していないかを日次、週次、月次、年次のそれぞれについてチェックできるようにする。

重量配分に留意しよう ☆☆☆

重量物の積込み、積卸しに際しては、重量配分に十分考慮する必要がある。

機械製品や形状が標準的とはいえない加工物などを複数積合せる際には、荷台の中心に積み荷の総合重心が近づくように積み付ける。

また、荷物と荷物の隙間には緩衝材などを使用して、走行中にズレを生じない対策を行う。

積込み、積卸しにおける注意

荷主などの事業場における陸運事業者による荷役作業の有無、運搬物の重量、荷役作業の内容、役割分担などについて、事前に物流事業者に通知

荷主・物流事業者間の荷役作業の安全確保のための連絡体制を整備

- フォークリフトは決められた用途以外には使わない
- 荷台からの飛び降り防止を目的として移動式の昇降設備を屋内の積卸し場に常設する
- シート掛け作業中のトラックの積み荷上から転落するのを防止するために、荷物の積卸し場所に墜落防止のための作業床を設置する

作業床の設置も考慮する

出典：厚生労働省「安全衛生関係リーフレット」を参考に作成

トラックの振動や衝撃に注意

トラックの荷台における積み荷の振動、衝撃は想像以上に大きく、「静かにアクセルを踏んでも震度2程度の負荷がかかる」ともいわれている。さらに乱暴に発進した場合には震度7程度の揺れが生じる。それだけの振動、衝撃を受けることを想定してしっかり固縛する必要がある。

標準化のポイント：1-3 過積載・過密運行の防止

過密な運行計画はしない ☆☆☆

過度に厳しい納期設定は過積載や過密運行などの配慮義務違反を誘発するリスクがあるので、可能な限り納期は余裕をもって設定する。また、トラックの荷台スペースいっぱいに荷物をバラ積みすることで過積載の危険が高まることからパレットを用いた積込み荷役を推進する。

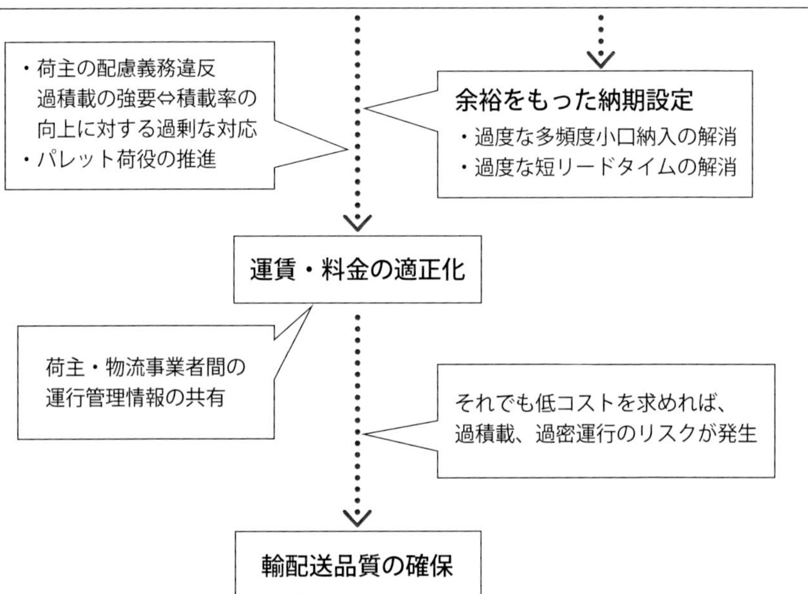

過積載運行は道路交通法違反で行政処分の対象

過積載違反を犯した場合、トラック運送事業者へは過積載運行の再発防止などのための協力要請書が出される。さらに過去3年間にこの協力要請書が2回発行されると、今度はその事業者と取引のある荷主に対して警告書が出されることになる。警告に従わずに同一の違反を繰り返すと、荷主名と概要が公表されることになる。

ストレッチフィルムの標準化　☆☆

ストレッチフィルムの強度、粘着性、厚み、作業性などは商品によって異なるので、事前に使いやすさや適性などをチェックしたうえで、現場で使用する商品を統一して作業にムラが発生しないようにする。ちなみに手巻き用の場合、厚さ12μm～18μm、幅300mmあるいは500mmが一般的である。

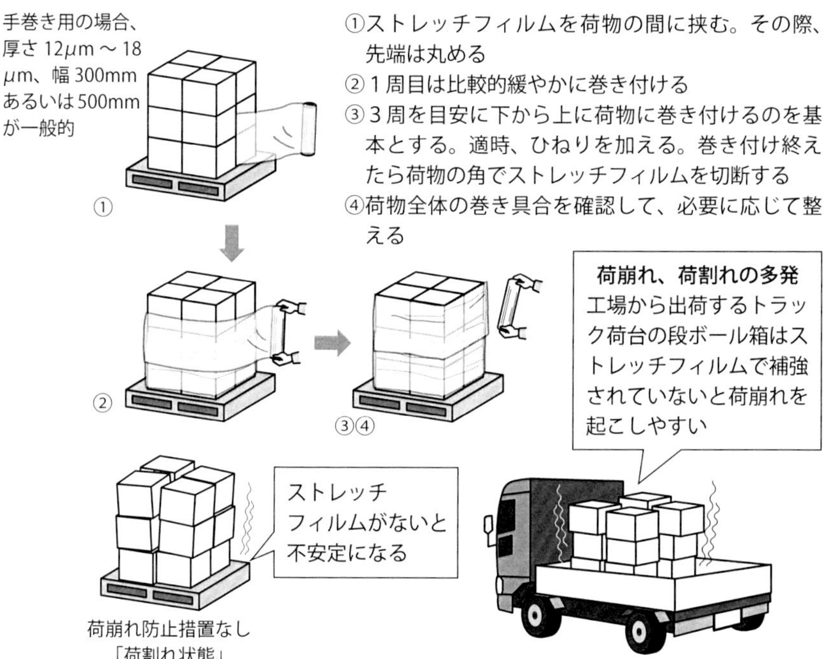

ストレッチフィルムの巻き付け方
手巻き用の場合、厚さ12μm～18μm、幅300mmあるいは500mmが一般的
①ストレッチフィルムを荷物の間に挟む。その際、先端は丸める
②1周目は比較的緩やかに巻き付ける
③3周を目安に下から上に荷物に巻き付けるのを基本とする。適時、ひねりを加える。巻き付け終えたら荷物の角でストレッチフィルムを切断する
④荷物全体の巻き具合を確認して、必要に応じて整える
①
②
③④
荷崩れ、荷割れの多発
工場から出荷するトラック荷台の段ボール箱はストレッチフィルムで補強されていないと荷崩れを起こしやすい
ストレッチフィルムがないと不安定になる
荷崩れ防止措置なし
「荷割れ状態」

正しい巻き付け方で効率向上

ストレッチフィルムを正しく巻き付けることによって、積込み、積み付けの作業効率、輸送効率が向上する。強く引っ張りすぎないようにしつつ、しっかり固定することを心掛ける。ストレッチフィルムの摩擦熱でやけどをしないように注意する。なお、手巻きではなくストレッチフィルム包装機を用いて巻き付けることもできる。

台車の安全管理を定める ☆☆☆

安全管理については次の点を徹底する。

①台車の使用にあたり、事故やケガに注意する。手袋、安全靴の着用を義務付ける

②台車の立ち往生をなくすために台車の通行可能な通路幅かどうかを常に確認する

③台車の固定具などに故障がないかを確認する。故障がある場合には作業に使わず修理に出す

台車の使い方

台車による作業手順

①台車を固定して、積み荷を確認しながら重量物は下部、軽量物は上部に積み上げる。斜め積みにならないように気をつけて目線より上には積まないようにする
②運搬に際しては後輪に荷重をかける。必要に応じて荷物を台車に固定し、運搬速度が速すぎることのないように気をつける。また曲がり角では速度を落とす。急停車が荷崩れを誘発することがあるので注意する。段差、傾斜などでは取っ手側を前方とする
③保管に際してはストッパーをかけて固定する

迅速な作業のための順守事項

①コーナーなどの死角が発生する場所では必ず一時停止する
②積卸しに際しては必ずストッパーをかける
③荷物を積み上げすぎないように注意して、重い荷物を下に、軽い荷物を上に置く
④使用後は速やかに所定の保管場所に戻す

安全に作業を行うための順守事項

①台車の使用にあたり、事故やケガに注意する。手袋、安全靴の着用を義務付ける
②台車の立ち往生をなくすために台車の通行可能な通路幅かどうかを常に確認する
③台車の固定具などに故障がないかを確認する。故障がある場合には作業に使わず修理に出す

台車に頼りすぎることで物流効率が低下することに注意！

・平台車などを大量に庫内で使う⇒使用後の保管場所を広く確保する必要
・荷物の形状がバラバラ⇒運搬中に荷崩れが生じて、荷物がダメージを受ける

ヒント 便利なツールゆえに標準化が必要

台車は他のマテハン機器などとは比較にならないほど、容易で活用の幅が広い。免許や特別な講習などの必要がなく、誰でも使用でき、どのような荷姿でも運搬に大きな支障は生じない。汎用性がきわめて高く、入手も簡単で物流現場における基本をなす運搬ツールとなっている。しかしそれゆえ、使用法が標準化されていなければ現場の混乱を招く要因にもなりかねない。

第2章

入出荷作業

2-1 入荷・入庫作業

☆ ☆ ☆

改善前 サプライヤーからの部品などの入荷・入庫に際して、数量数の把握ミスが相次いでいる。

？ 現状と問題点

形状や荷姿の似た荷物が多く、入荷ロットもイレギュラーであることが多い。同一商品でありながら、段ボール箱単位であったり、バラ単位であったりすることで現場が混乱する。また、入荷後の留め置きや仮置きが多く、そのため必要となった時に肝心の現物が見当たらなかったり、保管場所から加工エリアなどへの出荷の際に動線が最短となっていないことも少なくない。

入荷単位が段ボール箱単位だったり、
バラ単位だったり、たいへんだ
○年△月□日
○年△月□日
○年△月□日
段ボール箱ごとに入荷
されても製造年月日は
箱ごとにマチマチだね
入荷予定日や入荷数量も
よくわからないんです
この次の入荷は？
製造年月日や賞味期限がバラバラで、
在庫管理もたいへんだし、誤出荷の
要因にもなる。
なんとかしなければ…

改善案 どのような荷物がどれくらいの数量、入荷してくるかを把握するために、入荷検品の作業手順、確認手順、荷物の保管・格納方法などを標準化し、精度の高い入荷・入庫作業を実践する。

<目視検品>
2名1組で声出し確認

<バーコード検品>
入荷予定リストのバーコード確認

物流特性などに配慮して対応　入荷検品作業マニュアルを作成

入荷ロットを定義して
取扱い単位を揃えたよ

取引先の製造年月日ごとの
出荷にあわせて入荷ロット
の定義を決めたよ

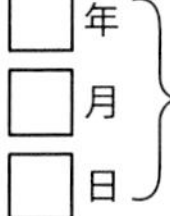

＊先入れ先出し法（先に入荷したものから先に出荷していくやり方）を徹底するうえで製造年月日を単位とすることは都合がよい

改善の視点：入荷ロットの定義

任意の取引先（入荷先）から同一のアイテムが入荷してくる場合、その入荷量を入荷ロットとする。たとえば、取引先が製造日ごとに出荷してくる場合は、そのロットを受け入れ側が入荷ロットとすることが多い。食料品などの場合は、賞味期限や産地などが入荷ロットの定義付けに使われることもある。なお、同一アイテムについては可能な限り取扱い単位を揃える。

標準化のポイント解説は ☞ 48ページ

標準化の事例

2-2 入荷検収作業

☆ ☆

改善前 トラックがバースに到着し、積卸しを行った段階で、荷物の状態、荷姿、アイテム（荷物の内容物）などを確認する入荷検収（立ち合い検査）において作業者が外観不良を見落とすミスが発生している。

? 現状と問題点

検収とは納入業者と荷受側が双方の立ち合いのもとに入荷する物品の外観などをチェックする作業である。検収にあたり作業者が荷物の外観を漠然と見ているだけで、「どのような点をチェックすればよいか」を正確に把握していない。そのため「汚れがないことは確認していたが、つぶれていたことはわからなかった」といったようなミスが発生している。

改善案

検収に際して荷物をチェックする手順と確認項目をまとめ、各作業者に注意事項を含めて説明し、誰もが同じ品質の作業ができるようにする。また、検収で異常が発見された場合は、すぐに責任者に報告し、指示を仰ぐこととする。

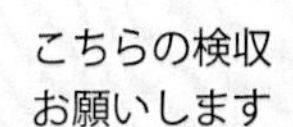
こちらの検収
お願いします

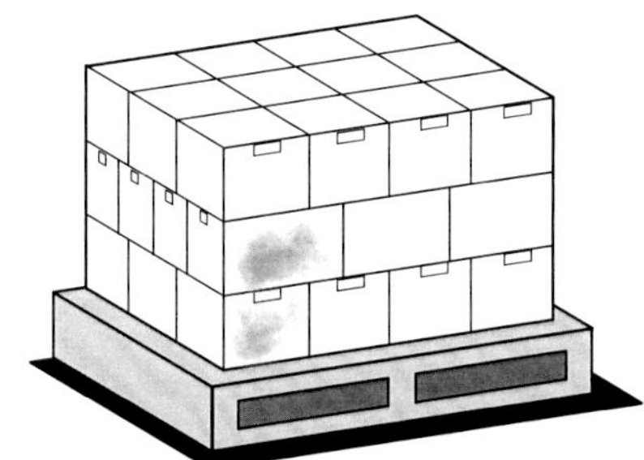
汚れや破損をきちんとチェック！

リスト
今回の荷物のチェック項目はココとココ
の汚れと破損の恐れか…
リストでチェックすることで、外観不良
の見落としはなくなったね

改善の視点：検収書

検収書にサイン、押印することは納入された荷物の数量、種類、仕様などについて発注者が適切と判断したことを証明することになるので、検収後に「つぶれていた」「汚れていた」といっても取り合ってもらえない。したがって検収は正しい手順でしっかりと確認することが求められる。

標準化のポイント解説は ☞ 49ページ

2-3 入出荷検品の手順

☆☆☆

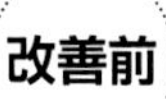
改善前

入出荷検品でのミスが多発している。本来ならば入荷するはずのなかった商品が入荷してしまい、そのため在庫精度（データ上の在庫数と実在庫数との差異）も落ちている。

? 現状と問題点

検品作業を行う作業者の熟練度に大きな差がある。また入出荷検品の手順が標準化されていないために、見落としが多くなっている。入荷する物品（アイテム）自体が異なっていることを見落としてしまう他に、数量違いを見逃してしまうこともある。

検品数が多いので
どうにもミスが
発生してしまうね
作業者ごとに検品の手順は
異なるね…
みんな、やりやすいやり方で
自由にやってるみたい
検品ミスが
多すぎるね…
検品手順の標準化と
作業マニュアルの
作成が必要だね…

改善案

目視検品では2名1組で指差し呼称を徹底することを前提に、入出荷検品の作業手順、確認手順、荷物の保管・格納方法などを標準化し、精度の高い庫内作業を実践する。検品のアイテム数、数量が多い場合は必要に応じて現場の5S（整理・整頓・清掃・清潔・躾）を徹底したうえでスキャナーを利用した検品を導入する。

２名１組で指差し呼称を徹底する検品体制で、手順書通りに行っているから検品ミスはなくなったよ

 改善の視点：検品の原則

「いつ」（When）、「どこから／どこへ」（Where）、「何が」（What）、「どれだけ」（How many）、入出荷するかという3W1Hを正確に把握する。より具体的にいうと、荷物の入出荷日、入出荷先、品目、数量をしっかり把握できる手順と段取りを整えておく必要がある。

標準化のポイント解説は ☞ 50ページ

2-4 パレタイズの手順

☆ ☆ ☆

改善前 **段ボール箱単位で入荷してきた物品を保管するにあたりパレタイズ（パレット上への荷物の積み付け）するが、その作業に時間がかかったり、荷物がパレット上にうまくまとまらなかったりする。**

？ 現状と問題点

「パレタイズに時間がかかる」「パレット上にきちんと荷物が乗らない（オーバーハング）」「すぐに荷崩れしてしまう」「フォークリフトで運搬すると荷物がずれてしまう」「ついつい高く積み上げてしまうので安定性がない」といった課題が発生している。

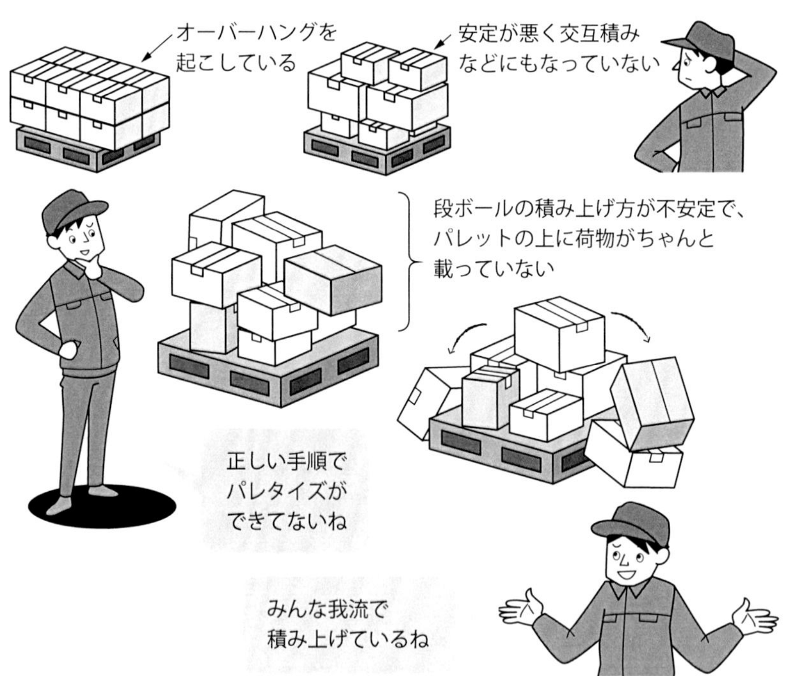
オーバーハングを
起こしている
安定が悪く交互積み
などにもなっていない
段ボールの積み上げ方が不安定で、
パレットの上に荷物がちゃんと
載っていない
正しい手順で
パレタイズが
できてないね
みんな我流で
積み上げているね

改善案

パレットの積み付けは、JIS規格に基づき、「ブロック積み」「交互積み」「ピンホール積み」「レンガ積み」のいずれかを荷物の特性を考えて採用することにした。ただし、ブロック積みを行う場合は荷崩れを防ぐために必ずストレッチフィルムを正しい手順で巻き付けることとした。

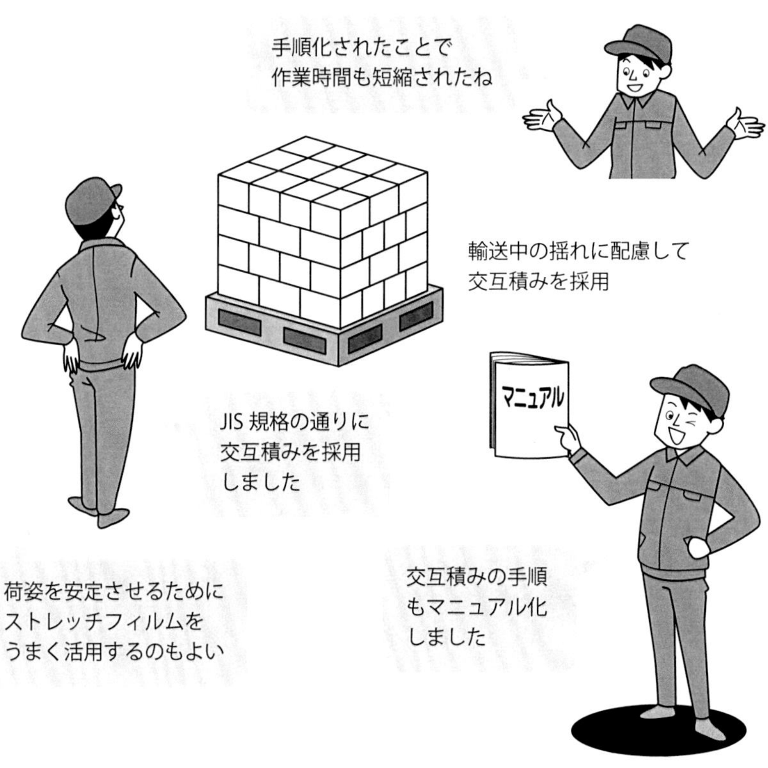

手順化されたことで
作業時間も短縮されたね
輸送中の揺れに配慮して
交互積みを採用
マニュアル
JIS 規格の通りに
交互積みを採用
しました
荷姿を安定させるために
ストレッチフィルムを
うまく活用するのもよい
交互積みの手順
もマニュアル化
しました

改善の視点：輸出貨物のパレタイズ

輸出貨物については木製パレット上に貨物を載せ、ストレッチフィルムなどで荷姿を固定する「パレット梱包」が行われることが多い。パレットはワンウェイの使い捨てとなることが多い。コンテナのサイズとの兼ね合いから「イチニイパレット」(長さ1000mm×幅1200mmなど)が使われることになる。

標準化のポイント解説は ☞ 51ページ

2-5 格納・保管

☆☆

入荷した荷物の格納・保管場所とWMS（倉庫管理システム）の紐付けがきちんとされていない。パソコン上の保管場所と実際の保管場所が異なってしまっている。

現状と問題点

保管エリアの「所番地化」がしっかり行われていない。そのために入荷した荷物に対して「何を、どこに、格納・保管するのか」を、その都度、担当者と作業者が相談して割り振りしなければならない。その結果、棚卸しにも相当な時間がかかっている。

同じ品種で複数の商品を同時管理することになるが、
形状が似ている商品を集結させていてわかりずらい

改善案

出荷頻度や商品の関連性などを踏まえた所番地化を行い、ロケーション管理を徹底させた。またWMSとの紐付けも入念に行い、実在庫の保管ロケーションをパソコン上に正確に反映させるようにした。ただ、単にロケーションを割り振るだけではなく、「見える化」を徹底して作業者が迷わないようにした。

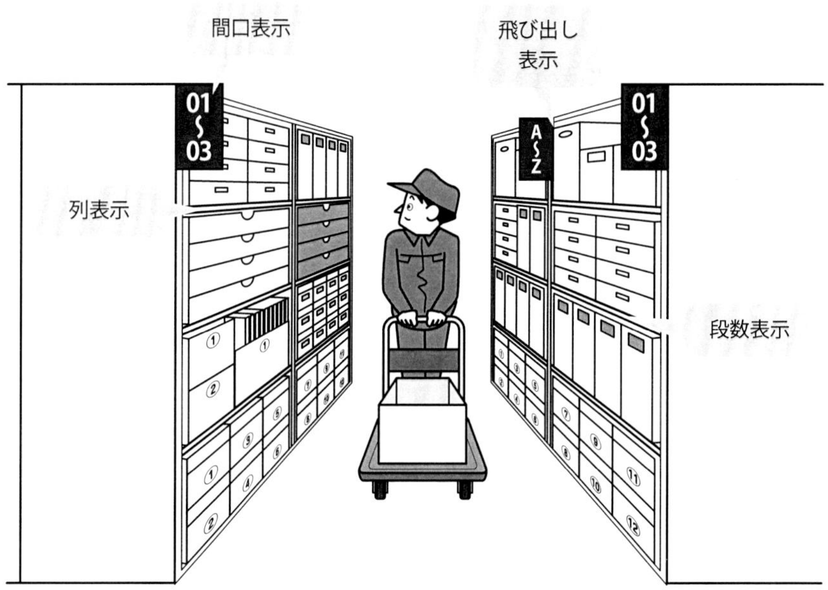

目に飛び込む色（黄色など）で表示され、目的の番地へ迷わず直行できる

改善の視点：ロケーション管理

ロケーション管理とは、ロケーション番号を棚間口ごとに設定し、ゾーン、通路、棚などをアルファベットと数字を用いて指定し、その所在を明らかにする管理方法。ロケーション管理によって、作業（移動）効率を上げることができる。また商品知識の少ない作業員が的確に業務を遂行できる。

標準化のポイント解説は ☞ 52ページ

入庫作業（入荷検品）の標準化例　☆☆☆

①荷物の到着に先立ち、ハンディターミナル（バーコード読み取り器）による検品を前提に取引先からの入荷予定データ（入荷予定日、入荷数量、発注番号、製造ロット番号など）を受信する。

②荷物の到着を受けて、入荷受付を登録して、帳票を出力する。入荷検品は、入荷予定リストのバーコードをスキャニングして行う。バーコード検品が行われていない場合には、作業者2名を1組として現物と入荷予定リストを目視により読み合わせて検品を行う。

③数量不足、数量過剰もチェックし、入荷した荷物が入荷予定リストと合致していれば、入庫・格納する。作業が終了した段階で入庫確定を行い、在庫計上し、入庫実績を取引先などに送信する。

入荷手順のポイント

入荷予定データの受信：入荷予定日、入荷数量、発注番号、製造ロット番号など

↓

↓

入荷受付を登録して帳票を出力
入荷検品：入荷予定リストのバーコードをスキャン
数量不足、あるいは数量が過剰でないかもチェックし、入荷した荷物が入荷予定リストと合致していれば、保管エリアに格納。作業が終了した段階で入庫確定を行い、在庫計上し、入庫実績を取引先などに送信

目視検品：作業者 2 名を 1 組として、現物と入荷予定リストを目視により読み合わせて検品

↓

在庫差異の発生を阻止

入荷・入庫作業が不正確になると、在庫差異が発生するリスクが高まる。WMS（倉庫管理システム）に登録されているデータと実在庫数が合わないといった状況が起こってしまうのである。在庫差異の発生は倉庫内の在庫品が永久に出荷されない「未出荷」や納品遅れなどを誘発する。そのため入荷・入庫作業を標準化してミスなく行うことが重要になってくる。

確実にチェック項目を確認してからサイン ☆☆

検収にあたり、荷物を確認（数量の過不足、外観不良の有無など）し、問題がなければ検収書を発行、あるいはすでに用意されている検収書にサイン、押印などを行う。なお、外観不良については、「汚れ、へこみ、つぶれ、穴あき、ガムテープなどのはがれ、水漏れ、浸み出し、異音の発生」について確認することにする。

検収作業のポイント

トラックがバースに到着し、積卸しを行った段階で荷物の状態、仕様、アイテムなどを確認する

ポイント

検収に際して荷物をチェックする手順と確認項目をまとめて、各作業者に注意事項を含めて説明し、誰もが作業できるようにする。また、検収で異常が発見された場合は、すぐに責任者に報告し、指示を仰ぐこととする

数量の過不足、外観不良の有無など荷物を確認

外観不良：「汚れ、へこみ、つぶれ、穴あき、ガムテープなどのはがれ、水漏れ、浸み出し、異音の発生」について確認

異常発見時の対応マニュアルも作成

汚れやへこみについては、「ほんの少しでも汚れが付着していたり、へこみがあれば受け取らないのか、それともある程度は許容するのか」といったことを含め、対応マニュアルを作成しておくのが望ましい。水漏れや浸み出し、異音についてはわずかな異常でも責任者に報告して指示を仰ぐことが望ましい。また、外観不良が見つかった場合は他の荷物についても同様の不良がないか入念に確認すようにしたい。

数量やアイテムなどの検品を確実に行う ☆☆☆

出荷検品は納期通りに出荷するためには欠かせない作業である。出荷指示書をもとに出荷アイテム、数量、納品先、納期について確認したうえで梱包し、出荷する。なお、誤出荷が多ければ取引先の信用を失い、取引停止、打切りなどが発生することもある。

出荷検品手順のポイント

数量チェック

- スキャンするごとに数量がカウントされるタイプの出荷検品システムの導入
- 目視による数量検品とバーコード検品のダブルチェック体制
- 作業者の個数のカウント方法の統一
- 指差し呼称の徹底
- 「数量間違い多発」「数量間違い例一覧」などを作業現場で掲示
- 出荷合計数（トータルピック）の確認

アイテムチェック

- 出荷アイテムについての作業者間の勉強会を適時、開催
- 荷札が正しく段ボール箱に貼られているかなどのチェックの徹底
- 「送り状」「明細書」「払込用紙」などの入れ間違いの注意喚起を作業現場で掲示
- 指差し呼称の徹底

誤出荷率の目安：0.01%未満を目標とし、0.005%以下が理想となる 

入出荷予定データの確認とチェック

荷物到着／出発に際しての入出荷予定データ（入出荷予定日、入出荷数量、発注番号、製造ロット番号など）の確認・チェックをしっかり行う。なお、目視検品は眼球疲労などにつながるため、健康管理にも配慮して一定時間の作業後には交代要員を設けてきちんと休憩時間を設けるようにする。また、必要に応じて検品対象となる商品知識に関する勉強会なども開催するとよい。

標準化のポイント：2-4 パレタイズの手順

パレットの取扱いの基本 ☆☆☆

パレットは荷台のみに使うように指示を徹底する。また「パレットを引きずらない」「パレットに勝手に書き込みはしない（紙やシールなどを勝手に貼らない)」「パレットの上に人が乗らない」といったことはもちろん、事故の原因にもなりかねない「立てパレ」（壁などに一時的に立て掛けておくこと）なども避けるようにする。

パレタイズの手順のポイント

①形状の確認
段ボール箱、ドラム缶などパレットに積載できる形状かどうか
②積み付けパターンの確認
・ブロック積み（平積み）⇒ストレッチフィルムの巻き付けなどによる荷崩れ防止策
・交互（列）積み⇒揺れに強い
・ピンホール積み（風車型積み）⇒温度管理の必要な荷物、重量が相当にある荷物には不向き
・レンガ積み⇒荷崩れしにくく、検品しやすい

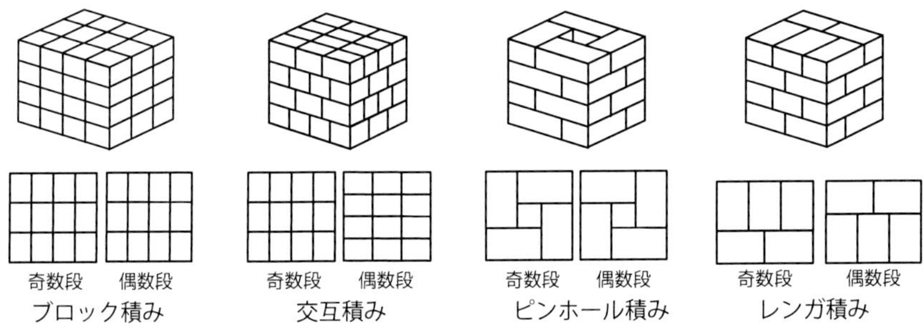

デパレタイズの効率化

パレタイズとは反対に、パレットから荷物を卸す作業のことを「デパレタイズ（デパレ)」という。一般にデパレはパレタイズよりも難しいといわれている。納品されたパレットの積み付けパターンがバラバラであったり、段ボール箱などが変形したりすることもあるからである。したがって出荷元の積み付けパターンや荷崩れ対策、滑り止め対策などの情報をしっかり把握しておくことが重要である。

正しくロケーションできるシステムを構築 ☆☆

入庫指示書などで指定された保管ロケーションに物品を格納し、ハンディターミナルで入庫登録を行う。保管ロケーションにあるバーコードをスキャニングすることでロケーションが正しいかどうかを確認する。なお保管ロケーションが誤っている場合には警戒音を鳴らすなどして、作業者にミスを伝えるシステムも導入すると効果的である。

ロケーション管理のポイント

ロケーション管理
ロケーション番号を棚間口ごとに設定し、ゾーン、通路棚、などをアルファベットと数字を用いて指定し、その所在を明らかにする管理方法

- フリーロケーション
  任意のスペースに物品を順次格納していく。入庫・格納の早い順番に出荷することが容易で先入れ先出しを効率的に行うことが可能になる
- 固定ロケーション
  固定ロケーションでは物品別に格納エリア、保管エリアを設定する。現品管理を正確に行うことができる。
  物品の出荷頻度にムラがない場合には固定ロケーションが好ましいケースが多い
- ゾーンロケーション
  あるエリアに関連品目群を固定的に集約し、そのエリア内ではフリーロケーションを採用するという管理方法。自動倉庫との組み合わせで採用されるケースが多い

自社に合わせた管理方法と物流アイテムを選択

自動補充型システムの1つであるVMI（ベンダー管理在庫）を採用している倉庫では、納入業者ごとに保管スペースを確保する必要から固定ロケーションでは保管効率が悪くなる。そこで先入れ先出し法の容易なフリーロケーションを採用して作業効率と保管効率の向上を図る。あわせて入庫、格納、出庫といった一連の作業をスムーズに行える流動ラックを活用したり、入庫作業や出庫作業を自動的に行う自動倉庫を設置したりしてスペースの有効活用を図る。

第3章

仕分け・ピッキング作業

3-1 ピッキング手順

☆ ☆ ☆

ピッキング作業は個人の能力差が大きい作業で、誤ピッキングが多く発生している。また、ピッキング作業自体にも時間がかかりすぎている。

現状と問題点

ピッキング作業の動線が長く、作業者が右往左往するなど、余分な動きが目立つ。作業者が慌てるあまり、ピッキングで物品が破損・汚損することもある。ピッキングエリア、通路内に作業者、カートが集中するために、前方の作業者を避けようと別ルートを探して遠回りしたり、動線が重なって動けなかったりして、ピッキングの待ち時間が発生してしまう。

特定のピンキング通路
に作業者とカートが
集中しちゃうね。
遠回りした方がいいよ
棚のどこに対象品があるか、
わかりにくいなぁ
作業手順が作業者に
よってバラバラだね

改善案

スムーズにピッキング作業を行えるようにするために、ピッキングのための動線を最短、かつ一定とするように工夫する。そのために作業通路は一方通行とし、ピッキングカートを使っても十分に作業できる幅を確保し、出荷頻度の高い物品をエリア手前に集めるなどの工夫を行う。

あまり歩かなくても
対象とする物品を
すぐ探せるね
01〜03
01〜03
一方通行
作業手順がマニュアルで
標準化されているから
初心者でも時間がかからず
ピッキングできるね

改善の視点：誤ピッキング率に着目

誤ピッキング率（%）［ピッキングミス行数÷ピッキング総行数×100］により標準化の進捗度を判断する。誤ピッキング率が低ければ、納品ミス、納品遅れも少ない。0.005%以下が1つの目安となる。少なくとも、0.01%以下のレベルは達成しておきたい。

標準化のポイント解説は ☞ 64ページ

標準化の事例

3-2 ピッキングエリアのレイアウト

☆☆☆

改善前 ピッキングエリアの順路が一定していない。通路の出入り口を間違える作業者も跡を絶たない。

? 現状と問題点

通路内に作業者、カートなどが連なり前方の作業者を回避するために別ルートを探して、結果として歩行距離が増えてしまったり、動線が重なってピッキングの待ち時間が発生している。状況を分析すると、作業者には動線が決まっているために改善の自由度が低くなっていることがわかった。ピッキングエリアのレイアウトを設計し直すことで作業効率が向上する可能性があるという結論に達した。

あれ、入り口
間違えたかな？
ここは通路のはずだよ
もう１つの物品の
ピッキングはかなり
先の棚だなぁ

改善案 動線などを考慮し、ピッキング通路の出入り口のレイアウトやロケーションを見直した。ピッキング通路と保管・在庫エリア、出荷エリアとの位置関係などを踏まえて動線を再構築し、動線の平準化を実施した。その結果、ピッキング通路を必要以上に歩行するムダがなくなった。

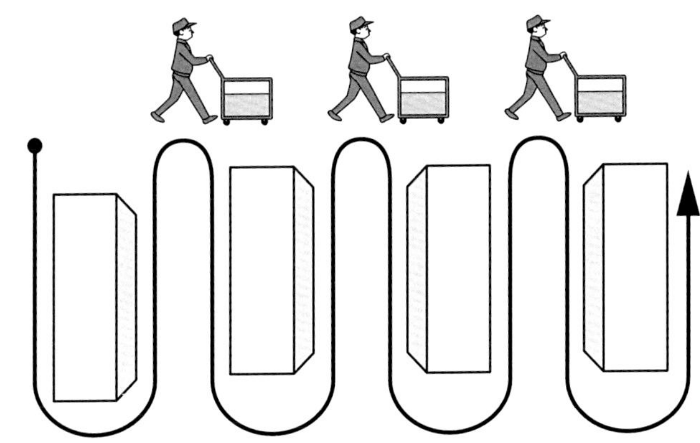

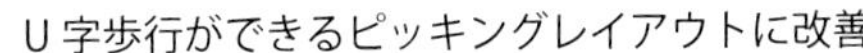
U 字歩行ができるピッキングレイアウトに改善

U 字歩行が可能なレイアウトの導入で、必要以上の距離をムダに歩いたり、出入り口で作業者どうしがぶつかることはなくなったね

改善の視点：一方通行のレイアウト

ピッキング通路は一方通行となるようにレイアウトする。パレット単位で出庫するものは出庫ラインからフォークリフトで出庫する。ピッキングのための動線を可能な限り短くし、作業者ごとに動線のバラツキが生じないように努める。いかに通路内の渋滞を解消するかを考え、平均作業時間、総作業時間の最短化を図る。

標準化のポイント解説は ☞ 65ページ

標準化の事例

3-3 ピッキング手順書の作成

☆☆☆

ピッキング作業の方法が作業者ごとに異なり、効率よくできる作業者と要領の悪い作業者の差が激しい。ピッキングリストが見にくく、ポイントがつかみにくい。

? 現状と問題点

「倉庫内のどこに何があるか」をしっかり把握していない作業者が多い。摘み取り式と種まき式ピッキングの違いがしっかり頭に入っていない作業者がいる。ピッキングはピース単位、ケース単位、パレット単位などがあり、作業や確認のポイントが熟練者以外にはわかりにくい。

複数の商品を
まとめてピッキング
して、あとで出荷先
ごとに仕分けた方が
よいと思います
種まき式

摘み取り式がよいか
種まき式がよいか、
意見が分かれているね

どちらのやり方でやるか
を決めてから
手順を明確にしないと
いけないね

改善案

ピッキングの作業マニュアル・作業手順書を作成した。作成にあたり図表や写真を多く用いて、文章を読まなくても図や写真から作業の一連の流れがわかるように工夫した。作業手順がわかりやすくなり、作業ミス、手順ミスが大きく減った。作業手順の改善案などが現場から上がってくることも多くなった。

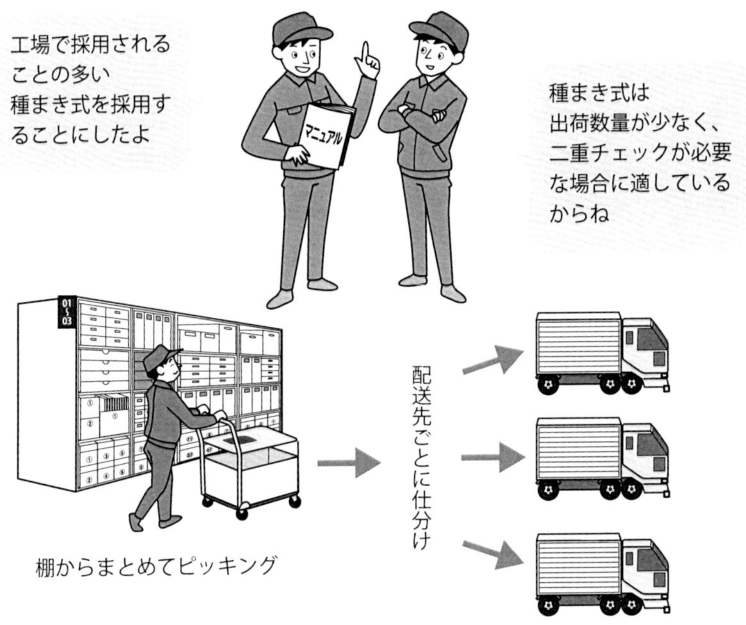

わかりやすいピッキング手順書を作成
(種まき式のピッキングを採用した現場)
工場で採用されることの多い種まき式を採用することにしたよ
マニュアル
種まき式は出荷数量が少なく、二重チェックが必要な場合に適しているからね
配送先ごとに仕分け
棚からまとめてピッキング

改善の視点：摘み取り式と種まき式

物流センターで採用されるピッキングシステムは、出荷先ごとに物品を保管場所から集める「オーダーピッキング（摘み取り式）」と、複数の種類の物品をまとめてピッキングして後で出荷先ごとに仕分けを行う「バッチピッキング／トータルピッキング（種まき式）」に大別される。種まき式は工場で採用されることが多く、出荷数が少なく二重チェックが必要な在庫管理などにおいて優れている。

標準化のポイント解説は ☞ 66ページ

標準化の事例

3-4 負担を生じない合理的な仕分け手順

☆☆

改善前 仕分けの作業手順が標準化されていないため、作業者によって仕分けの段取りが異なる。作業待ちスペースや動線についてもとくに決まりはない。

? 現状と問題点

生産量や出荷量に大きなピークやバラツキがあるのでバッチ処理を行っているが、正しい対応がわからず作業が混乱することが多い。出荷方面別の仕分け間口の数が足りなくなったり、出荷スペースに荷物があふれたりすることで誤仕分けや誤出荷を誘発するリスクも発生する。

仕分けスペースに
荷物があふれて
いるなぁ
仕分けスペースに出荷待ちの
荷物が滞留していて
作業がはかどらないなぁ

改善案

仕分け作業の標準化を徹底する。作業中の細かな手待ちを少なくするために作業速度の標準となる目安を設定する。熟練者と初心者の分担割・作業区分などを細かく決める。また、仕分け間口・スペースまでの動線を単純化することで、その負担を最小限に抑えるようにする。

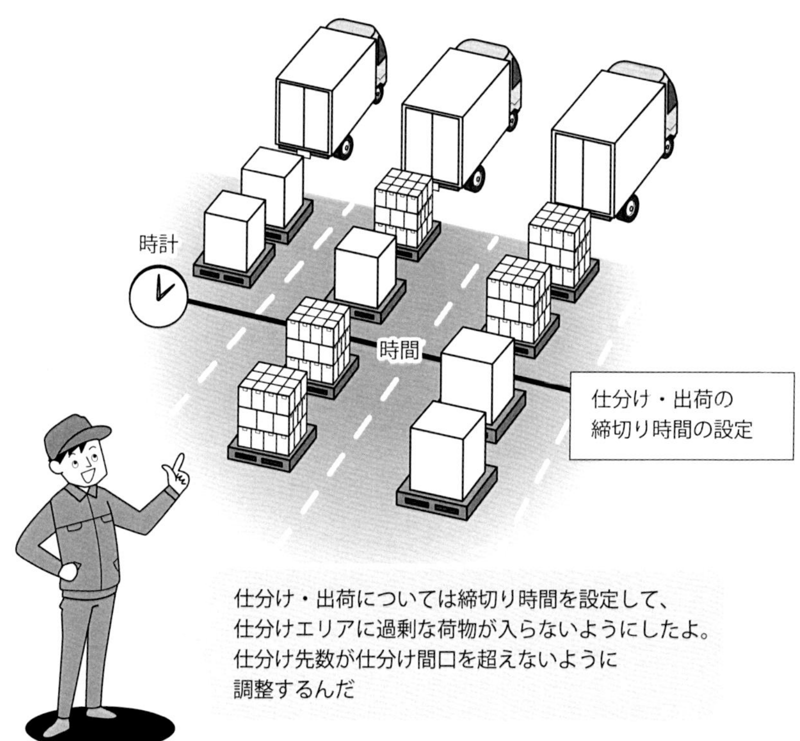

時計
時間
仕分け・出荷の
締切り時間の設定
仕分け・出荷については締切り時間を設定して、
仕分けエリアに過剰な荷物が入らないようにしたよ。
仕分け先数が仕分け間口を超えないように
調整するんだ

改善の視点：標準作業者数の設定

仕分け作業は場合によっては重量物を運搬するなど、作業者の体力面の負担が大きくなることも多い。手作業で扱うことも多く、作業者の腰などに大きな負担がかかることがある。そこで繁忙期やピーク時には作業者数や必要な台車数などを増やすことで各作業者の負担を最小限に抑える工夫が必要になる。

標準化のポイント解説は ☞ 67ページ

標準化の事例

3-5 情報システムとリンクした作業手順

☆☆

リストを見ながらI字歩行、Z字歩行を行おうとすると、リストの順番通りにならないのでピッキング行の見落としや誤ピッキングが発生する。

❓ 現状と問題点

ピッキングをI字歩行、あるいはZ字歩行で行いたいと考えているが、ピッキングリスト通りにピッキング作業を進めると、動線が蛇行したり、交錯したりしてI字歩行、Z字歩行ができない。そのため作業に時間がかかってしまう。通路の渋滞も発生している。

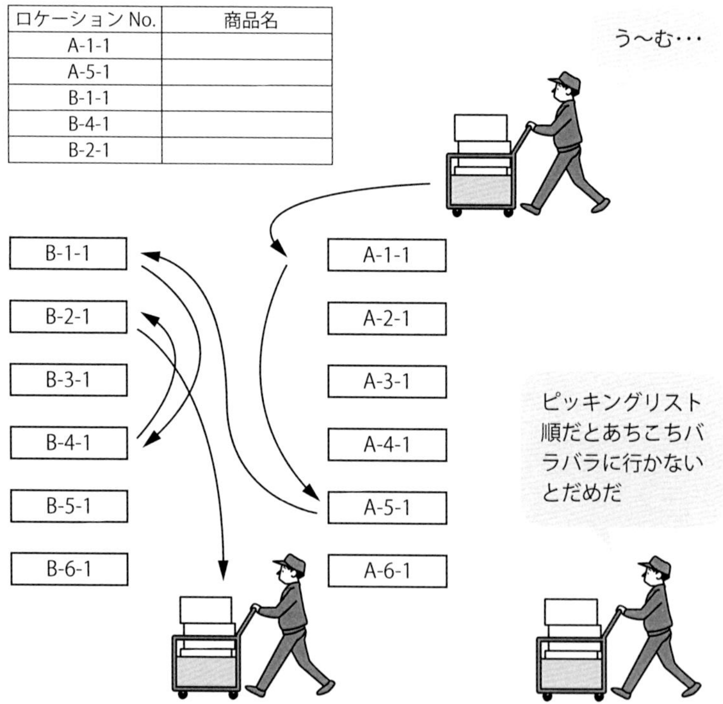

ロケーションNo.	商品名
A-1-1	
A-5-1	
B-1-1	
B-4-1	
B-2-1	

改善案 ピッキングが一筆書き順となるようにWMS（倉庫管理システム）と連動させ、ピッキングリストの印刷順とロケーションレイアウトが対応するように（効率的にピッキングできるように）工夫を施す。それにより誤ピッキング、誤出荷が減少し、通路の渋滞も解消する。

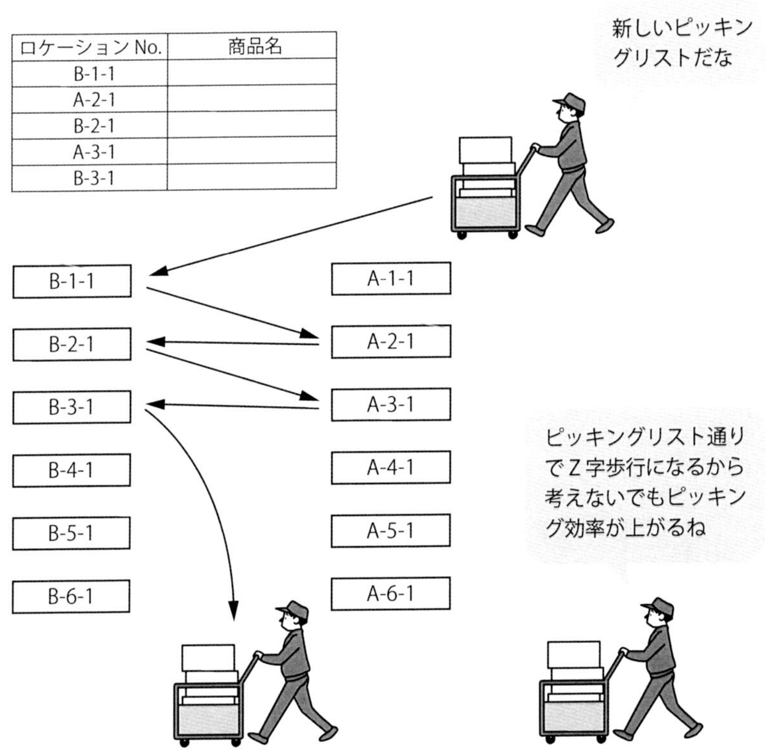

改善の視点：導入前の標準化の推進

情報システムやマテハン（マテリアルハンドリング）機器の導入に際しては、まず手作業レベルの標準化を徹底させる必要がある。そのうえで積載率、保管効率などの物流KPIを向上させていく。「情報システムやマテハン機器を導入しさえすれば改善や標準化を達成できる」という考えは危険である。

標準化のポイント解説は ☞ 68ページ

ピッキング作業を正確、迅速に ☆☆☆

ピッキングリストの配付からピッキングした物品のカートなどへの格納、配送伝票の貼付、出荷エリアへの運搬までを決められた手順で正確かつ迅速に行う必要がある。ピッキング通路の出入り口のレイアウトやロケーションは、作業効率やリザーブ在庫エリア、入出荷エリアとの位置関係なども考慮してピッキングエリア内の移動距離を最短に保つようにする。

ピッキングのポイント

ピッキングの「7ない」

待たせない：ピッキング通路に「渋滞」などが発生し、手待ち、待機などが多発する状況は回避する
歩かせない：ピッキング通路の動線が必要以上に長くなり、作業者の歩行量が増えないようにする
持たせない：ピッキング作業にあたって、ピッキングリスト、スキャナーなどの他に余計な持ち物がないようにする
考えさせない：「次は何をするのだろうか」といった疑問を作業者に抱かせず、スムーズに作業ができる環境にする
探させない：ピッキングの際などに作業者に探させないようにする
聞かせない：作業者が自分の作業について頻繁に質問しないようにする
書かせない：作業者が複雑なメモ書きなどを行わないようにする

ピッキング作業評価の指標

誤ピッキング率（%）＝ピッキングミス行数÷ピッキング総行数×100
※ピッキング効率＝ピッキング総行数 ÷ 人時

誤ピッキング率が低ければ、納品ミス、納品遅れも少ないということがわかる。

誤ピッキング率は、0.005%以下という数字が 1 つの目安となる。少なくとも、0.01 以下のレベルは達成しておきたい。逆に0.05%以上の場合、早急に対策を立てる必要がある。

ピッキングの「7ない」を励行

「7ない」を励行し、「ピッキング通路に渋滞などが発生し、手待ち、待機などが多発する状況は回避する」「ピッキング通路の動線が必要以上に長くなり、作業者の歩行量が増えないようにする」「作業にあたって、ピッキングリスト、スキャナーなどの他に余計な持ち物がないようにする」といった方針を念頭に置いてピッキング作業に臨む。

ピッキング通路の最短化を目指す　☆☆☆

ピッキング通路の平均移動距離、総移動距離を最小化することを目指す。ピッキングエリアの通路は一方通行として、I字歩行（一筆書き状）、U字歩行、Z字歩行のいずれかが可能なレイアウトを作業者のレベル、物品の特性を考えて導入するようにする。

ピッキングエリアのレイアウトのポイント

I字歩行(一筆書き状)のピッキング通路

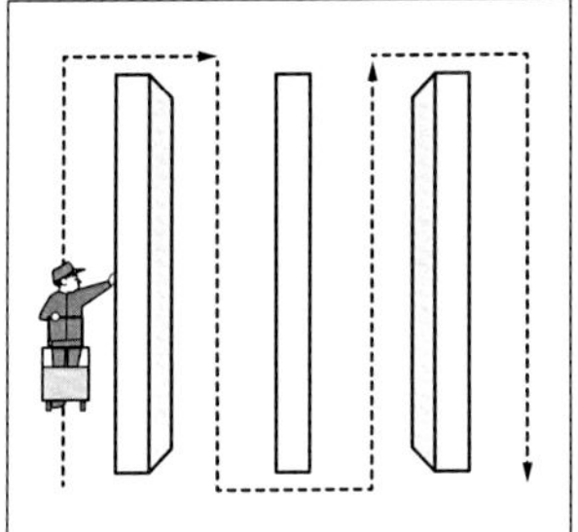

U字歩行のピッキング通路

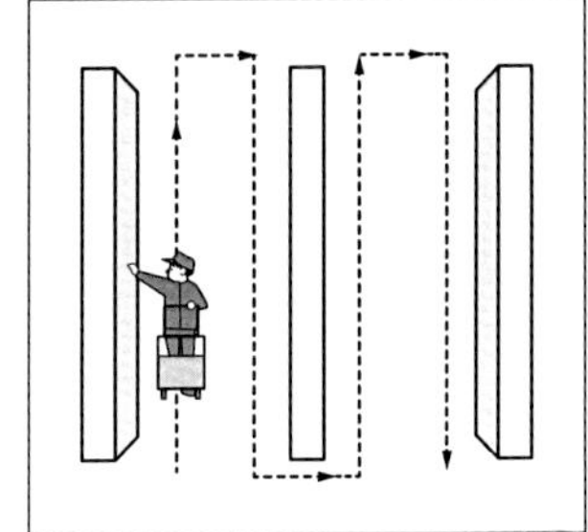

Z字歩行のピッキング通路

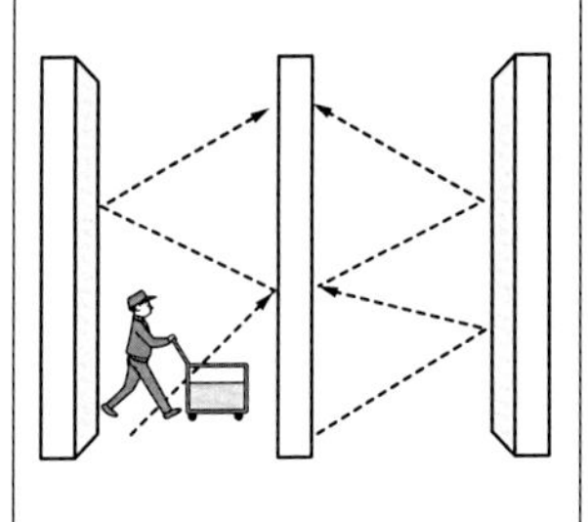

渋滞・手待ち時間の発生の原因

①ピッキングのための動線が長い
②作業者によって動線が一定していない
③リザーブ（ストックエリア）からの商品補充に時間がかかる

ピッキング通路の平準化で対応

基本的な３つのピッキング通路（歩行方法）

①I字歩行型通路（一筆書き状の動線）：ピッキング通路は一方通行で一筆書き状の動線を原則とする。ピッキングエリアに通路道順表示を大きく出して、動線をわかりやすく示す。

②U字歩行型通路：通路の双方向歩行を原則として、幅広く設定する。

③Z字歩行型通路：通路両面の左右のラック（棚）からジグザグ状に動線を設定し、作業者の追い越しを可能にする。

標準化のポイント：3-3 ピッキング手順書の作成

ピッキングリストを受け取り、手順書に従う　☆☆☆

作業者はピッキングリスト（製品名、製品コード、棚ロケーション番号、ピッキング行数など）を受け取って、ピッキングの作業マニュアルや作業手順書に従って作業を進める。出荷依頼・ピッキングリストに基づき、保管・在庫エリアのラックなどから物品を取り出す。ピッキングした物品をカートなどに格納し、ピッキングリストに確認チェックを必ず入れ、カートを出荷エリアに運搬し、配送伝票などを貼付する。

ピッキング手順書の作成のポイント

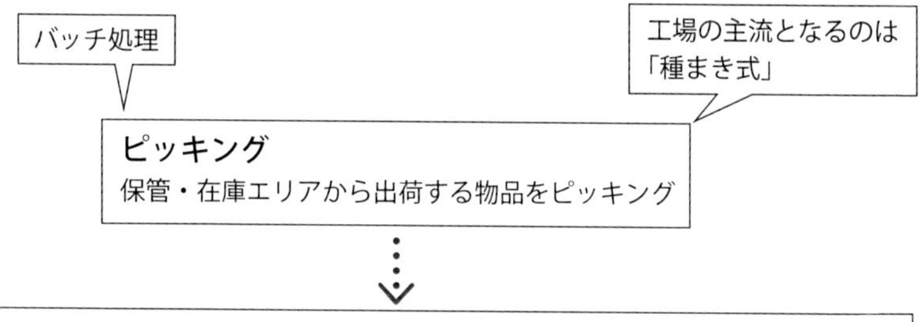

手順

①生産ラインから製品を保管・在庫エリアに運搬
②作業者にピッキングリスト（製品名、製品コード、棚ロケーション番号、ピッキング数など）を配付
③出荷依頼・ピッキングリストに基づき、保管・在庫エリアのラックなどから物品を取り出す
④ピッキングした物品をカートなどに格納し、ピッキングリストに確認チェックを入れる
⑤出荷エリアに運搬⇒配送伝票の貼付などを行う

ピッキングエリアの見える化

出荷頻度別に色分けしたピッキングエリア全体のレイアウト図を作成し、それをピッキングエリアの要所に貼り出すことで、ピッキング対象物品を探しやすくする。また、出荷頻度の高い物品を想定して棚を並べた、ピッキングの練習スペース（「ピッキング道場」）を倉庫内に設けて、熟練作業者がピッキングの手順と要領を指導し、ピッキングミスを軽減する。

生産計画とのリンクが重要 ☆☆

工場における仕分け作業は生産ラインから直接、出荷先別などに仕分けされるパターンと、出荷指示を受けて保管・在庫エリアからピッキング作業を経て、仕分けされるパターンのいずれかとなる可能性が高い。いずれにせよ、綿密な生産計画とリンクされて前工程がしっかりと管理されていると、発生する物量は平準化され、仕分け作業もスムーズになる。

仕分け手順の標準化のポイント

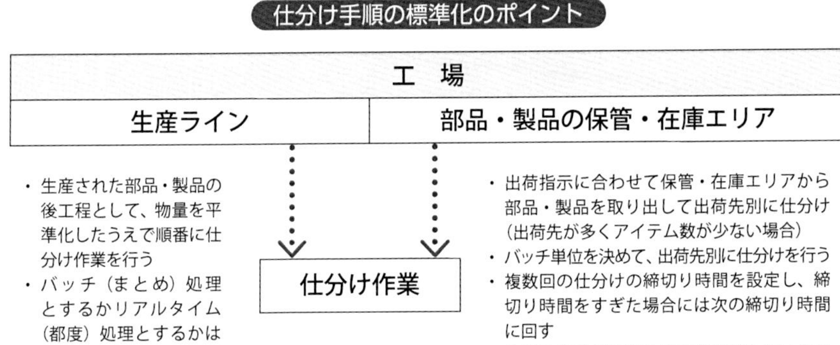

工　場
生産ライン
部品・製品の保管・在庫エリア
・生産された部品・製品の後工程として、物量を平準化したうえで順番に仕分け作業を行う
・バッチ（まとめ）処理とするかリアルタイム（都度）処理とするかは出荷量、作業者数などから判断する
仕分け作業
・出荷指示に合わせて保管・在庫エリアから部品・製品を取り出して出荷先別に仕分け（出荷先が多くアイテム数が少ない場合）
・バッチ単位を決めて、出荷先別に仕分けを行う
・複数回の仕分けの締切り時間を設定し、締切り時間をすぎた場合には次の締切り時間に回す
・仕分け先数が仕分け間口数を超えないようにバッチ切りを行う

綿密に生産計画を立て、物量を平準化したうえで、仕分けをバッチ処理にするかリアルタイム処理にするかを判断

仕分けはバッチ単位で締切り時間を守って行う。仕分けスペースがいっぱいになれば次の締切り時間の枠に回すことにする

【仕分け締切り】
1回目：午前…
2回目：午後…
3回目：午後…

さまざまな指標を設定する

生産計画から出荷先別仕分け件数［総取扱い数÷出荷先数］を把握し、作業者数、作業時間、標準工数［実績量÷単位当たり標準時間］を設定しておく。また誤仕分け率（%）［誤仕分け数÷総仕分け数×100］も目標値を定めて最小化する。出荷作業のデッドラインとなるトラックへの積込み・出荷予定時間を可能な範囲で余裕をもって設定する。

マテハン機器の仕様や特性を把握 ☆☆

WMS（倉庫管理システム）やマテハン機器などの導入前に、これまでの作業手順や作業時間などについて現場でどれくらいのバラツキが出ているかを確認する。マテハン機器の仕様や特性などを把握して、その導入により現場の作業手順や効率などに不都合が生じることがないかを入念にチェックする。

マテハン機器の特性を理解

マテハン機器の導入

マテハン（マテリアルハンドリング）機器とは、工場や物流センターなどの物流業務の作業効率化を推進するために用いられる自動倉庫、ラック、ピッキングシステム、フォークリフトなどの総称

プロジェクト管理のもとに適切なエリアに適切に導入

庫内現場改善においては「マテハン機器を導入すれば、それですぐに改善が実現する」という短絡的な考え方ではなく、「マテハン機器をどのような方針で、どのように目標を設定して導入するべきか」というマテハン機器導入後の成功イメージを可能な限り具体的に作り上げることが重要である。

マテハン機器を適切に導入し、うまく使いこなすことができれば、入出庫、格納、ピッキングなどの工場内、倉庫内の諸作業を自動化、省力化できる。また、それによってコスト削減や一連の荷役作業を機械化することによる人件費の削減、作業スペースの節約ができ、保管効率の向上などが可能となる。

倉庫施設の特徴と合ったマテハン機器を導入

いきなりシステムを導入するのではなく、出荷頻度や取扱う物品に適したロケーション管理をしっかり行い、ついで効率的なピッキングエリアのレイアウト、順路などを設定し、そのうえで関連マテハン機器の特性を踏まえてWMSなどとの紐付けを行う。システムの導入にあたっては情報システムベンダーと入念な要件定義の打ち合わせを必ず行う。

第４章

保管・梱包作業

標準化の事例

4-1 梱包作業の手順と荷姿の統一

☆☆

改善前 梱包作業の手順と完成された荷姿の双方について標準化が行われていない。

? 現状と問題点

梱包作業の手順が統一されていないことで、作業者によって梱包にかかる時間が異なっている。また、荷姿が統一されていないことで、入出荷を担当する作業者の裁量によって、パレット、フォークリフトなどの使用頻度なども異なっている。トラックの荷台に荷物を積込む際に、積載量のバラツキが発生して積載効率が悪い。

物品の詰め込みにどれくらいの
時間がかかるか、毎回マチマチだね
段ボール箱や通い箱の
大きさなどがバラバラ
パレット上の荷物の
形状がバラバラ
荷姿が異なるから
梱包の手順ややり方がそれぞれ
違ってやりにくいなぁ･･･

改善案

段ボール箱、通い箱、クレート、パレットなどの物流容器に物品などを収め、荷造りを行う際、包装・梱包の大きさやサイズ、作業手順を、荷姿ごとあるいは物流容器ごとに定める。物流容器に収める作業手順や作業方法、荷姿のバラツキをなくし、作業効率の向上を図る。

物流容器ごとに製品の梱包手順も
荷姿も決められている

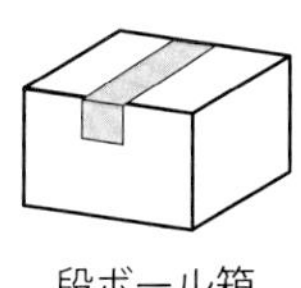

段ボール箱

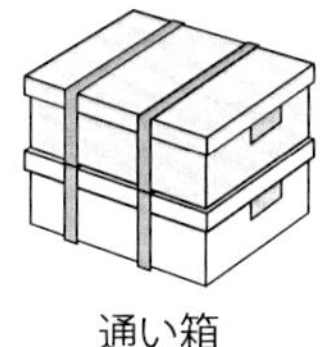

通い箱

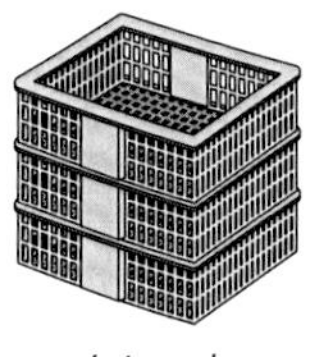

クレート

物流容器に収める作業手順や
方法も統一されているので
作業時間も管理しやすいね

 改善の視点：荷姿のポイント

荷物によって固定方法、積み重ね方法などを指定するが、一般的には積み重ねが可能な荷姿が推奨される。緩衝材などを活用して輸送中の荷物の傾きなどを防ぐようにする。フォークリフトで損傷を与えることなく運搬できる荷姿が望ましい。また、段ボール箱、通い箱、パレットなどのコーナー部分に保護材を使用することで損傷を低減し積み荷の安定性を高めたり、上部や底部、側面に板紙などを保護壁として用いることで積み荷の重量を分散させることもできる。

標準化のポイント解説は ☞ 82ページ

標準化の事例

4-2 段ボール箱の大きさ・サイズ

☆

改善前 工場から出荷する際の段ボール箱の大きさ・サイズが不揃いで、そのためにトラックや台車、カゴ台車などへの積載量や積込み作業時間にバラツキが出てしまう。

❓ 現状と問題点

段ボール箱のサイズは、一般的にケースバイケースで統一されているわけではない。トラックの荷台などに段ボール箱を段積みして積載しているが、荷崩れしたり、下部の段ボール箱がつぶれてしまったりすることもある。また、重量物の場合、段ボール箱では強度が弱く対応できず、コスト高になるが木箱を使っている。

段ボール箱の大きさの選択に
明確な基準がないから
やりにくいなぁ・・・

ケース単位の出荷数量が
毎回異なるね

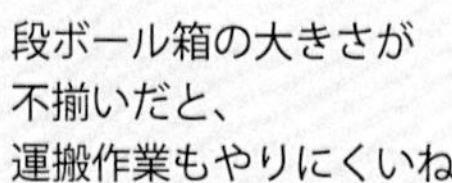

段ボール箱の大きさが
不揃いだと、
運搬作業もやりにくいね

改善案

通常の段ボール箱から強化段ボール箱に切り替え、荷姿についても物品ごとに「才」をベースにサイズを見直し、コンテナやトラックの荷台にムダ、ムリ、ムラなく積載できるようにした。その結果、保管効率、積載率に大きな改善が見られた。さらに、段ボール箱などへのガムテープの貼り方についても、作業者ごとのバラツキを改善するために統一的な手順などを細かく設定した。

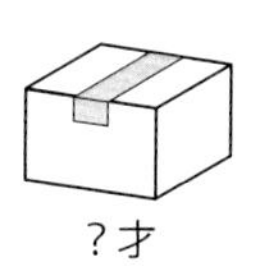

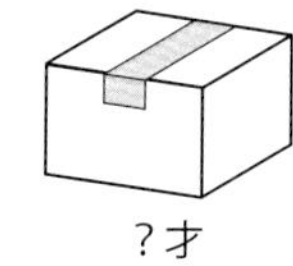

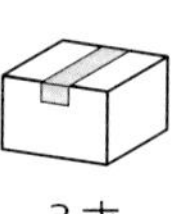

段ボールの大きさは「才」を用いて統一

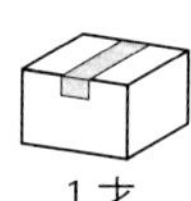

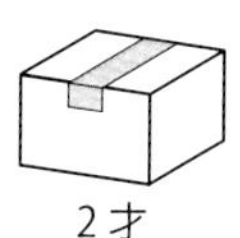

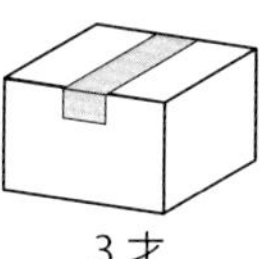

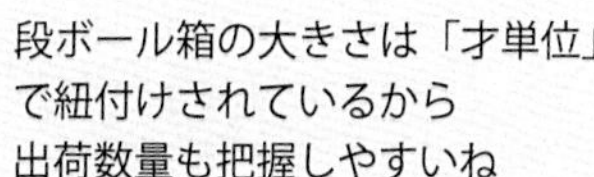

段ボール箱の大きさは「才単位」
で紐付けされているから
出荷数量も把握しやすいね

改善の視点：段ボール箱の単位「才」

段ボール箱の大きさが異なれば、段ボール箱単位で個数を計算することが難しくなる。物流容器のサイズは「才」を基本としており、段ボール箱の大きさも「才」を単位として「1才」「2才」「3才」といった具合にサイズを設定する。そうして「2トントラックの最大積載量は600才くらい」といったように、積載量の目安になる。1才＝0.0278 m^3＝8kg、1 m^3＝35才＝280kg（重量は目安）。

標準化のポイント解説は ☞ 83ページ

標準化の事例

4-3 通い箱・クレートの形状・サイズと管理方法 ☆

改善前 工場などから出荷される荷物の荷姿がバラバラであるために、通い箱やクレートの形状と材質が異なっており作業効率が悪い。

❓ 現状と問題点

形状の異なったプラダン（プラスチック製段ボール箱）やオリコン（折り畳みコンテナ）などの通い箱やクレートは、それらを使って物品が納品された後、出荷元の工場などへ返却される場合には、それぞれの通い箱やクレートに仕分け整理する必要があり、その手間とコストが相当かかることが課題となっている。

オリコン
プラダン
クレート
形状の異なるプラダン、
オリコン、クレートを
それぞれ形状と返却先ごと
に仕分けないといけないね
時間も手間もかかるね、
なんとか標準化してほしいね

改善案

それぞれの通い箱やクレートの利用範囲、保有数量、個数管理方法、返却・回収方法などを十分に把握したうえで、プラダン、オリコンなどのサイズを標準化したり、食品などでは標準クレートの導入を行ったりする。オリコン管理、クレート管理についても手順を決めて徹底することで作業効率が向上し、コスト削減を実現できる。

プラダンもクレートも
オリコンも回収・返却
先にかかわらず
それぞれ同一サイズに
統一したんだ

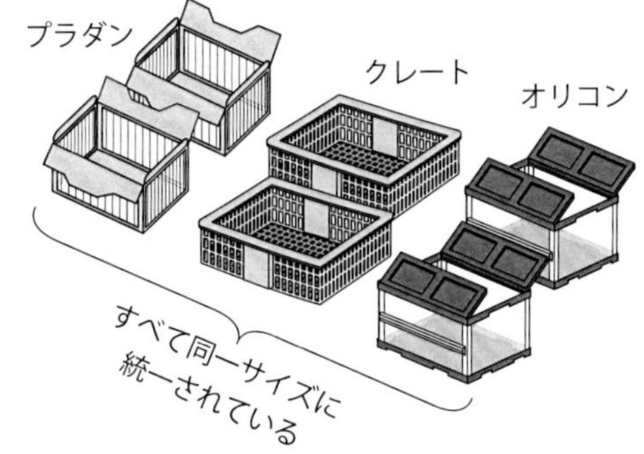

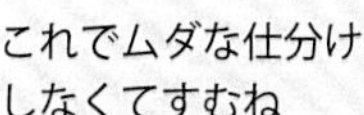

これでムダな仕分けを
しなくてすむね

それぞれの回収方法、洗浄方法、
返却方法などについても
標準手順をマニュアル化したんだ

改善の視点：通い箱の品質・出荷管理

工場と工場、あるいは卸売や小売の物流センターを往復する通い箱については、運用頻度（回数）を規定して、その回数に達した場合には破損、汚損の状態などを確認したうえで修繕、あるいは廃棄するようにする。また、通い箱の行先については出荷情報を管理して一定期間に返却されない場合は回収指示を出し、個数管理を徹底する。

標準化のポイント解説は ☞ 84ページ

標準化の事例

4-4 パレットの規格・サイズ・材質

☆☆☆

改善前 入出荷、保管で用いられるパレットの規格、サイズ、材質などがそれぞれ異なり、オペレーションを潤滑に行ううえで障壁となっている。取扱いマニュアルもない。

? 現状と問題点

トラックへの積込みの際の積載率の向上を考えてバラ積みを行っていたが、物流現場のホワイト化（労働環境改善）を実現すべく、パレット荷役を導入した。しかし、同一貨物の荷役にもかかわらず木製パレットとプラスチック製パレットが混在したり、サイズや仕様の異なるパレットが混ざっていたりするために作業時間の短縮が思うように進まない。

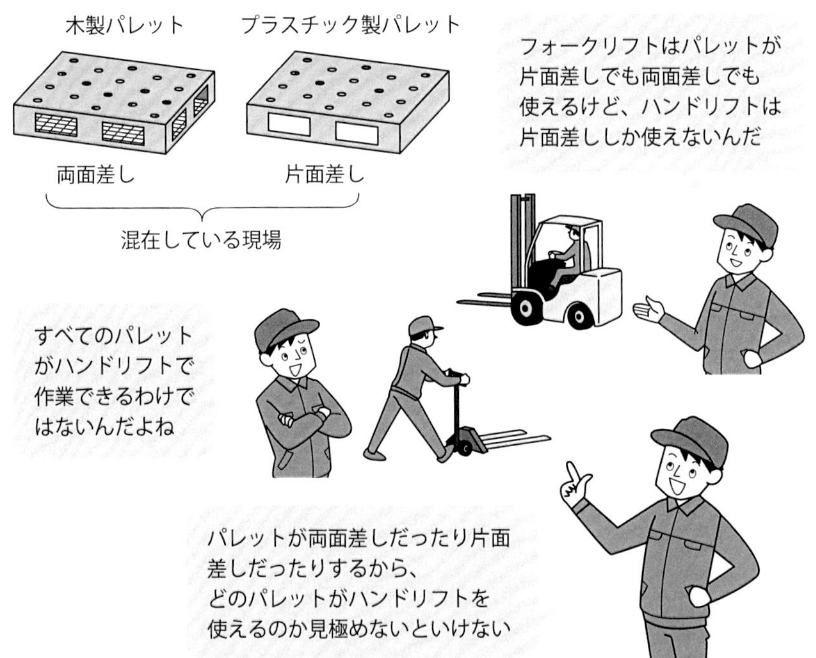

木製パレット
プラスチック製パレット
両面差し
片面差し
混在している現場
フォークリフトはパレットが片面差しでも両面差しでも使えるけど、ハンドリフトは片面差ししか使えないんだ
すべてのパレットがハンドリフトで作業できるわけではないんだよね
パレットが両面差しだったり片面差しだったりするから、どのパレットがハンドリフトを使えるのか見極めないといけない

※イラストはあくまでイメージで、専門的な正確性を有していません

改善案

国内向け貨物についてはプラスチック製の「イチイチパレット（T11型）」（長さ1100×幅1100mm）、輸出向け貨物については木製の「イチニイパレット（T12型）」」（長さ1100×幅1200mmなど）の使い分けを徹底する。また、パレット単位でのピッキング（パレットピッキング）を可能にするために、片面四方差しに統一することにした。

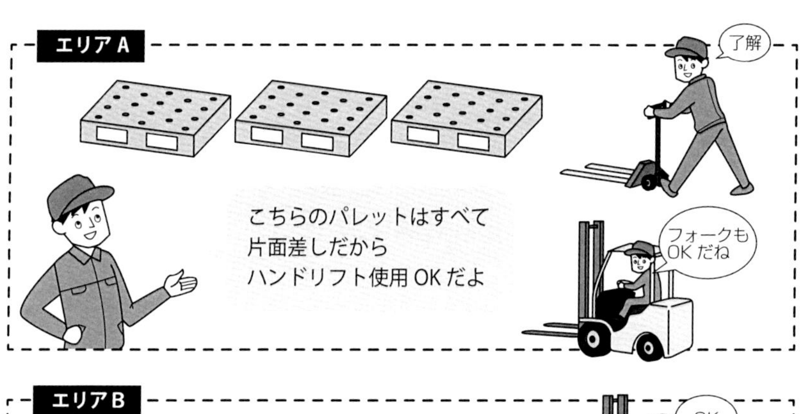

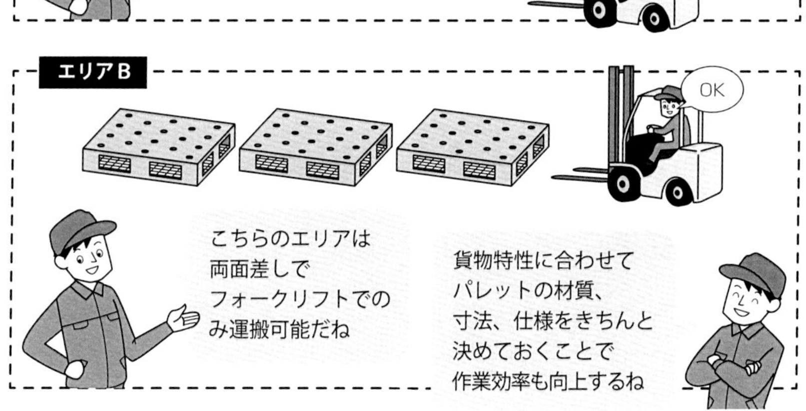

改善の視点：パレットの材質選択

パレットは、物流の特性に合わせてその材質を選択する必要もある。近年はプラスチック製パレットが主流であるが、木製パレットが積極的に使われるケースもある。たとえば自動倉庫に保管する場合、通常のパレットよりも強度が高く、たわみにくい材質が求められ、木製パレットが積極的に使われることも多い。

標準化のポイント解説は ☞ 85ページ

標準化の事例

4-5 コンテナ輸出の作業手順

☆

改善前 貨物の海外輸出や鉄道輸送に際して、貨物をコンテナに詰め込む作業であるバンニング（積込み）に時間がかかってしまう。

? 現状と問題点

工場で直接、コンテナのバンニングを行うケースで、個々の貨物の荷姿がバラバラであったり、作業者により手順やコンテナの充填率が異なったりするために時間がかかる。バンニングが雑で貨物が破損してしまうこともある。

個々の貨物の荷姿がバラバラで
バンニングに時間がかかるね

作業者によって
手順や充填率も
異なるみたいだね

改善案

作業手順書を作成して、バンニングの標準化を行う。あわせて段ボール箱、パレットなどの梱包方法、固縛方法、積込み量の目途などを標準化する。

貨物の荷姿を統一して
手順書を作成して
バンニング作業の標準化
を行ったんだ
これでムリ、ムダ、
ムラなしのバンニングが
できるね

改善の視点：スキッドの活用

スキッドを活用することでバンニングの作業効率向上を図る。スキッドはパレットと似た形状だが、下板がないために段積みをすることはできない。コンテナ内などで輸出貨物を載せるために使用される。スキッドを使用した梱包は、輸出貨物などのフルコンテナ輸送に対応した方式で、下板がないことでパレットに比べてコスト安となり、必ずしも箱詰め包装が必要ではない場合などに活用される。

標準化のポイント解説は ☞ 86ページ

標準化の事例

4-6 PPバンドとガムテープの取扱い

☆

PPバンドやガムテープなどのムダ使いが多い。梱包の際に必要以上に多く使っているケースが目立ち、コスト高となっている。

? 現状と問題点

PPバンドの効率的な使い方がわからない作業者が多い。そのためベテランの作業者が初心者に作業手順やコツを教えなければならず、その時間に多くを費やしている。一方、ガムテープについてはどうしても使いすぎてしまう作業者が多い。段ボール箱に印刷されている文字にガムテープがかかり、文字が見にくくなってしまうこともある。

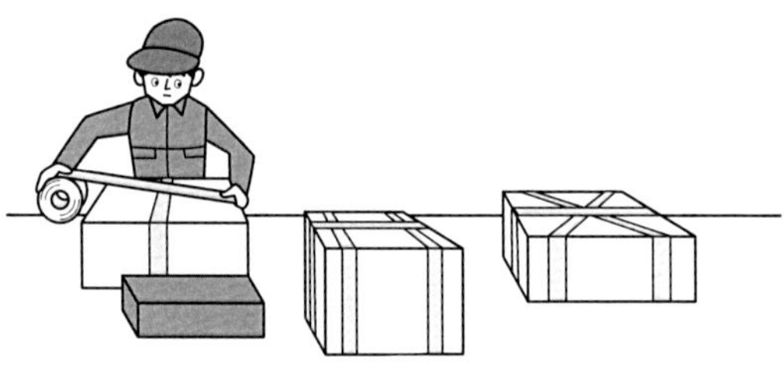

段ボール箱ごとにガムテープの
貼り方がバラバラだ

段ボール箱の大きさがバラバラだね
荷物の大きさは同じなのに

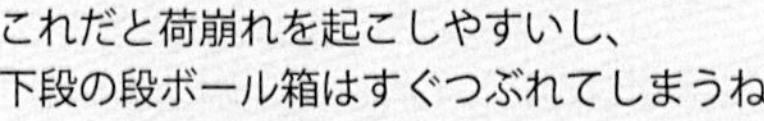

これだと荷崩れを起こしやすいし、
下段の段ボール箱はすぐつぶれてしまうね

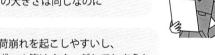

PPバンドをうまく使えば荷崩れ
を防げるけど、うまく使えない
作業者もいるね

改善案 PPバンドやガムテープの使用量を荷物ごとに設定する。ガムテープの材質は紙製、布製、OPPテープ（透明ガムテープ）などがあるが、荷物の特性に合わせて使用する材質を決める。また、PPバンドに関しては、パレット梱包、段ボール箱梱包などに際しての作業手順書や取扱いマニュアルを作成して、作業の標準化を図る。

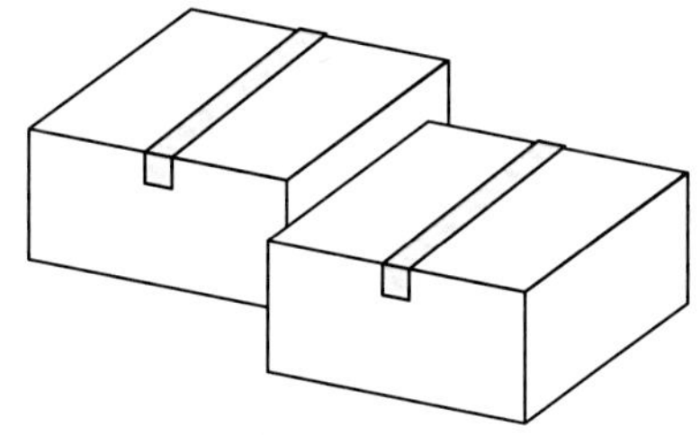

段ボール箱に貼るガムテープの長さや貼り方を統一したんだ

PPバンドの使い方についても手順書を作成しました

 改善の視点：PPバンドの用途

PPバンドを段ボール箱の梱包に使う目的は、複数の段ボール箱をまとめたり、段ボール箱の底抜けを防止したりするためである。あるいはガムテープのみの使用では梱包口が開いてしまう恐れがある場合などでも使用する。ストッパーを用いてバンドの両端をつなぐ手締め用と、熱溶着でバンドの両端をつなぐ梱包機用がある。

標準化のポイント解説は ☞ 87ページ

積み荷の重量やサイズを設定　☆☆

包装・梱包作業の標準化にあたっては重量についても注意する必要がある。積み荷それぞれの重量に大きなバラツキがないようにする。トラックやフォークリフトの最大積載量を念頭に1梱包当たりの重量を設定することが望ましい。同時に段ボール箱、クレート、パレットなどの長さ、幅、積み荷の高さなどの標準的サイズを設定する。長さ、幅、積み荷の高さ、それぞれの最大許容寸法も設定する。

梱包・荷姿のポイント

梱包の前提

重量：最大積載量を念頭に1梱包当たりの重量を設定

寸法：段ボール箱、クレート、パレットなどの長さ、幅、積み荷の高さを設定。最大許容寸法も設定

緩衝材などの活用で輸送中の荷物の傾きを防止

荷姿：固定方法、積み重ね方法などを指定⇒積み重ね可能な荷姿を推奨

フォークリフトとの連動：フォークリフトで損傷を与えることなく運搬できる荷姿を推奨

梱包補助材の活用

コーナー部分の保護材 ⇒ 損傷低減、積み荷の安定性向上

板紙 ⇒ 上部、底部、側面に板紙を配置⇒保護壁の機能、積み荷の重量分散効果

支柱材 ⇒ パレット上の積み荷が安定しない場合、木材または金属支柱などで固定

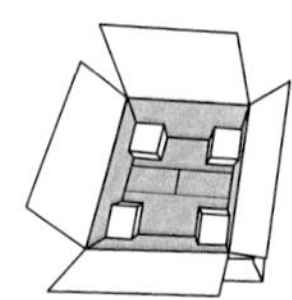
コーナー部分の保護材

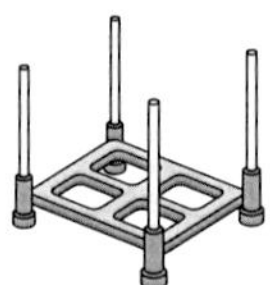
支柱材⇒
パレット上の積み荷が安定しない場合

梱包空間率を把握

梱包にあたり梱包空間率（%）［梱包空間÷最大梱包可能空間×100］を把握することで「段ボール箱などに物品が満たされていない空間がどれくらいあるか」という割合がわかる。保管効率、積載率を向上させるためには、物品を十分に詰めて、梱包空間率を可能な限り下げる工夫を行うことが求められる。

段ボール材の強度などを統一 ☆

段ボール箱は物流容器としても多岐に活用されるが、使用する段ボール箱のサイズや段ボール材の強度などについて統一しておくことが荷姿を標準化するうえで望ましい。また、荷姿を安定させるためにPPバンドやガムテープなどを正しい手順で使う必要もある。

段ボール箱取扱い上の注意事項

作業	解説
荷役	積込み、積卸し、積替えなどの手荷役が多くなれば段ボール箱は傷みやすくなる。手荷役の頻度を考慮して段ボール箱の強度についての標準化を行う
保管	倉庫内保管などに際して、平積み、高積みが多くなれば強度に合わせて「才」で単位を統一した段ボール箱を使う 倉庫内で平積み、高積みの状態が長き、高温、高湿などの状態が続けば、段ボール箱自体が劣化する可能性がある。保管の時期や期間についても配慮して段ボール箱を選択する
輸送	トラックの積載効率を上げるために強度の高い段ボール箱を選択することがある
積み付け	段ボール箱を投げ落とすと、段（フルート）がつぶれたり、劣化が早まる。大きい段ボール箱が下に、小さい段ボール箱が上になるように、また同サイズの場合は隅が重なるように積み付ける

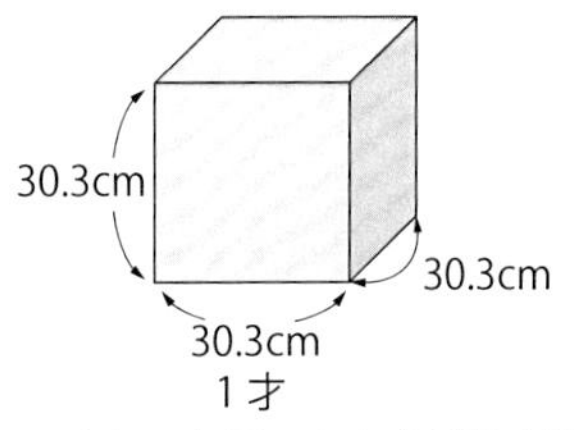

1才＝0.0278m^3＝8kg
1m^3＝35才＝280kg
※重量は目安

4トントラックならば最大積載量としては1000～1100才程度だが、積載率70～80%として約700～900才の積載が目安

※ただしトラックの最大積載量以内に重量を抑える必要がある

外装表示の標準化

段ボール箱の外装に、商品表示（アイテム名、入数）やケアマーク（荷扱い図記号）、ITFコード（在庫管理などに使われる物流コード）などを入れておけば、入出荷、納品作業の際の商品確認を時間をかけずに行うことができる。外装表記のポイントとしては、商品表示を右上に集中表記し、商品名称を伝票表記と合わせて記載することなどがあげられる。

通い箱の取扱いマニュアル・作業手順書を整備 ☆

通い箱の導入にあたって、通い箱を用いた梱包の手順、複数の通い箱を導入する場合にはそれぞれについての物品（部品、製品など）の梱包数量、破損・汚損の発生などを回避するための取扱いマニュアル、出荷・回収・保管の際の作業手順書などを準備する必要がある。

通い箱による運搬の作業手順と留意事項

通い箱

【ポイント】
- 保管スペースの確保
- 日常の管理（5Sの徹底）
- 「清潔・清掃」の視点から通い箱の洗浄
- 汚れのふき取りなどを徹底する

作業手順

リユースする前提で回収・洗浄工程の手順を決める

①物品（部品、製品など）を適切な手順で、適切な量を、適切な通い箱に入れる
　プラスチック製段ボール箱（プラダン）などの中に緩衝材・固定材を用いて破損などが生じないようにする
②出荷にあたりパレットに積み付けるなどの作業
　段積み可能な設計で通い箱をパレットに積み上げて運搬
③指定時間に納入
④通い箱から物品を取り出す
　取り出した後の空の通い箱は所定のエリアに仮置き・一時保管
⑤出荷元の回収指示などに従い、破損・汚損などの有無をチェックし、回収ルートを経て洗浄・修繕工程へ
⑥所定のプロセスで洗浄・修繕などを行う
　所定のエリアに保管
⑦必要に応じて指示書などをもとに梱包・出荷エリアに空の通い箱を運搬
⑧①に戻り上記の手順通りに作業を行う

- スーパーマーケット業界ではスーパーマーケット協会の主導により、和日配（豆腐、納豆など）のメーカーからスーパーへの納品については共通クレートの利用が進められている
- パン製造業（食品製造業）では生産ラインから物流プロセス全体まで、クレートの一種である番重を搬送容器として活用
- プラスチック製の折り畳みコンテナ（オリコン）の活用、物流ハンガーのリサイクルシステムの構築も推進

通い箱の5S

通い箱の形状、サイズなどの標準化に加え、保管スペースの確保、5Sの徹底などによる日常の管理、とくに5Sでいえば「清掃・清潔」の徹底を心がける。「通い箱は使用前、使用後には必ず汚れをふき取る」「運搬プロセスなどに支障が出るような破損、汚損があればすぐに責任者に報告し、廃棄の手続きをとる」といった取り決めも必要である。

扱う物品や業界標準などに合わせる　☆☆☆

パレットのサイズに関しては、わが国では長さ1100mm×幅1100mm（T11型）が主流となっている。しかし、1000mm×1200mmや800mm×1200mm（ユーロパレット）など、国際的にはサイズが1200mmタイプが多く使われている。また、業界によっては扱う物品の大きさなどからイチイチパレット以外のパレットが慣例的に使われることも少なくない。したがって、業界のデファクトスタンダードと自社の物流システムの効率を踏まえて、パレットの標準化を行う必要がある。

パレットの種類

両面差し／片面差しの選択

ハンドリフトは片面差ししか使えない

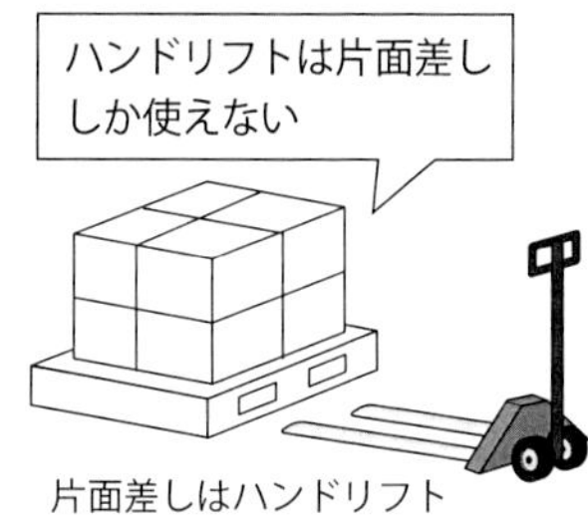

片面差しはハンドリフト

表裏両面差しのパレットを使えばフォークリフト荷役を効率的に行える

両面差しはフォークリフト

イチイチ／イチニイの選択

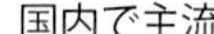

国内で主流

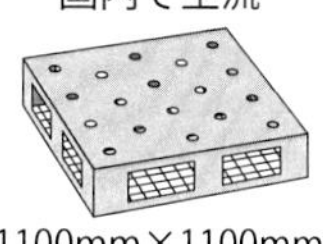

1100mm×1100mm

海外で主流

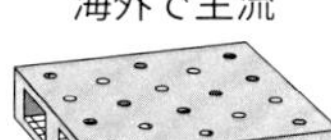

1000mm×1200mm
（EUでは、800mm×1200mm）

パレットの使い分けの基準をしっかり定めておく必要がある

パレット管理を確実に

工場から出荷したパレットが卸売業などの物流センターで紛失してしまうことが少なくない。パレットについても通い箱やクレートと同様に使用後の洗浄や汚れのふき取りをしっかり行い、回収などに際しては保管スペースの定置確保を確実に行ことが必要となる。また、レンタルパレットシステムなどを導入することで、取引先におけるパレットの紛失を最小限に抑えることができる。

確実なバンニングで荷物を固定 ☆

バンニングにあたりもっとも注意しなければならないのは貨物の破損・汚損などのリスクである。個々の貨物が固定されず不安定で、バランスが悪ければ、コンテナ輸送中に大きなダメージを受ける恐れが出てくる。パレットやスキッドを活用してストレッチフィルムなどでしっかり固定したり、緩衝材を活用したりしてコンテナ内の貨物を固定する。

バンニングの作業手順のポイント

バンニング環境の設定

①貨物特性（種類、形態、数量、容量、性質）を考慮してコンテナの大きさを決める
　必要に応じてフォワーダー（運送事業者）などと相談する
②工場倉庫などに空コンテナを用意、バンニングエリアを設け、作業を行う
　バンニングエリアが確保できない場合はフォワーダーなどの倉庫で行う

バンニングの手順

(1) バンニングにあたり次の3点を確認する
　①バンニングする貨物がパレット梱包、スキッド梱包など適切に梱包されていること
　②貨物の総重量と容量がコンテナの積載基準内であること
　③危険物などが誤まって混載されていないこと
(2) 重い貨物が下部、軽い貨物が上部にあることと、左右の貨物のバランスを考え、片荷（偏重）にならないように積み付けを行う
(3) コンテナ内の貨物をベルト、ワイヤー、緩衝材などを用いて、荷崩れしないようにしっかりと固定、固縛する

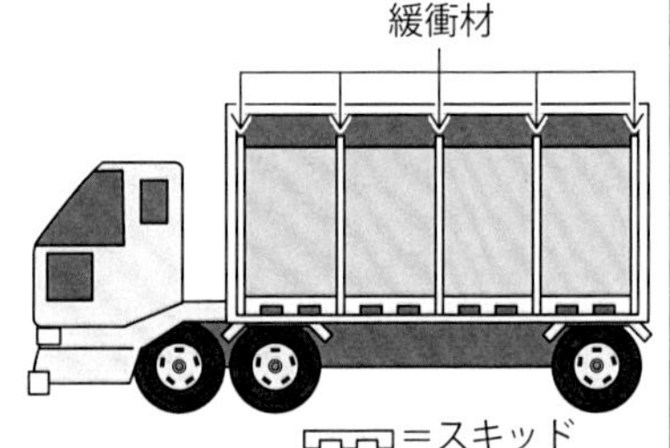

コンテナへのパレットの積込み量を把握

鉄道コンテナでは、12フィートコンテナ（5トンコンテナ）がもっとも一般的で、T11型パレット（長さ1100mm×幅1100mm）ならば6枚の積み付けが可能である。20フィートコンテナは海上コンテナと同サイズで、T11型パレットなら10枚の積み付けが可能である。31フィートコンテナはトラックならば10トン車の積載量に相当し、T11型パレットで16枚の積み付けが可能である。

ガムテープの貼り方 ☆

段ボール箱の内容物に合わせてガムテープの貼り方を標準化する。段ボール箱へのガムテープの貼り方は「縦貼り」「H貼り」「十字貼り」がある。縦貼りはガムテープ量などを節約できる。H貼りはある程度の強度を確保できる。十字貼りは高い強度を確保できる。

PPバンドとガムテープの取扱いのポイント

【PPバンド（手締め用）の使い方】
①結束する段ボール箱にPPバンドをかける
②PPバンドの端を折り曲げる
③折り曲げた部分をストッパーに差し込む
④折り曲げた部分を引きながら反対側のPPバンドもストッパーに差し込む
⑤PPバンドを引っ張り締める
⑥カッターなどで余分な部分を切断する
※基本的には使い捨てなので1回の使用が終われば使用済みのPPバンドは廃棄する

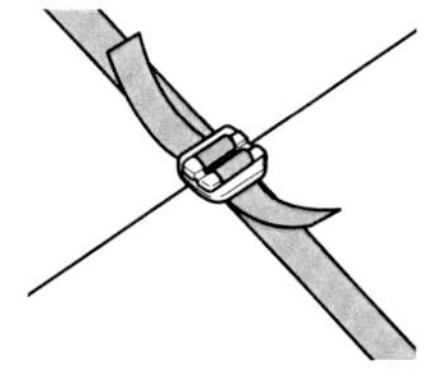

【ガムテープなどの貼り方】
- 縦貼り
  段ボール箱などに縦一直線にガムテープなどを貼る
- H貼り
  段ボール箱などに縦一直線と左右両端にガムテープなどを貼る
- 十字貼り
  段ボール箱などの縦横に十字になるようにガムテープなどを貼る

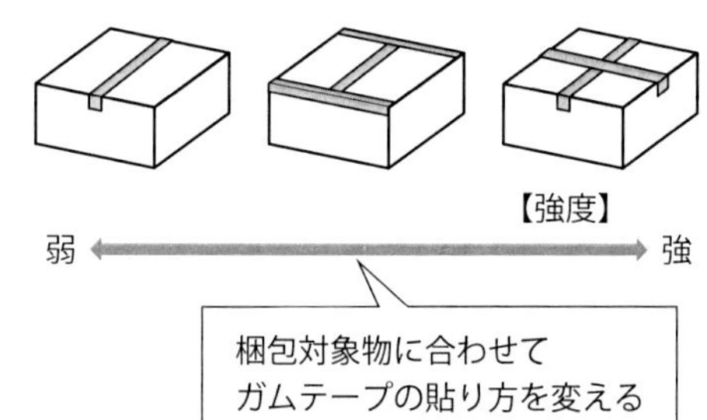

梱包対象物に合わせてガムテープの貼り方を変える

ヒント ガムテープの使用量削減

使用量削減でどれくらいのコストメリットが出るかを算出し、標準化を考える。段ボール箱が出荷後すぐに納入先で開梱される場合、ガムテープの使用量は最低限でも構わないので貼り方を「縦貼り」とし、外フラップから側面にかからない程度の短さに統一したところ、従来比でガムテープの使用量を20～30％削減することができたという事例も報告されている。

輸出用貨物のくん蒸処理

輸出用貨物の梱包は、国内用貨物の梱包とは区別して行われることが多い。とくに輸出用の梱包については、輸送時間・期間が長くなったり、通関に時間がかかり、保管期間が延びたりする可能性もある。

また、日本に比べて雑な荷扱いが行われたり、荷役業務が想定以上に激しくなったりして、国内輸送では考えられないほど輸出製品がダメージを受けるリスクもある。

その点をも踏まえ、金属製品、機械類などについては、結露、雨濡れなどが原因で製品に錆が発生しないように防錆対策にも配慮しておかなければならない。バリヤ材で包み、乾燥剤を入れ、熱封緘（ねつふうかん）したバリヤ梱包などが行われる。また輸出国によっては、木箱、木製パレットなどをくん蒸処理することが求められる。

梱包材に問題が生じていると輸入国側で判断された場合、再梱包料金や積み戻し料金が発生することもある。

北米では非加工木材による梱包材について、動植物検疫の立場から国際基準に沿った内容で、消毒を施したうえでその承認のマークが義務付けられている。EU（欧州連合）でも針葉樹の木製梱包材については、所定の熱処理、くん蒸処理が義務付けられている。

中国でも日本、韓国、北米、EUからの船積みの木製パレットなどを含む針葉樹木材使用の木材梱包の熱処理が義務付けられている。また針葉樹以外の木材梱包については、非針葉樹の木材梱包であることなどを通知する必要がある。

なお、梱包に木材を使用してない場合も、「無木材使用声明」を提出することになる。

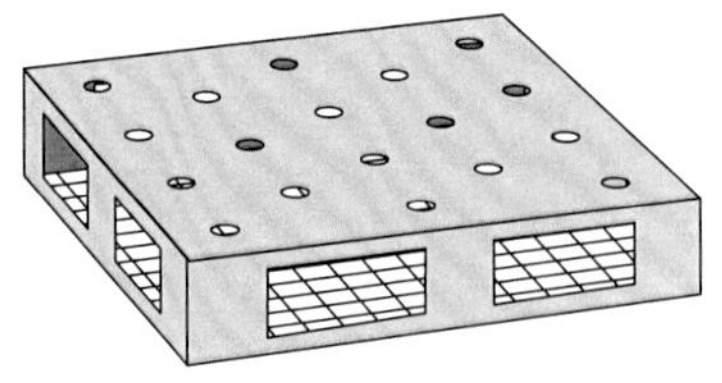

海外では、木製パレットは熱処理やくん蒸処理が必要な場合もある

第5章

状況に応じた物流改善手順

5-1 強化段ボール箱の導入

☆☆☆

コンテナやトラックの荷台などに荷物（段ボール箱）を段積みして積載しているが、上部の荷物の重みに耐えられず荷崩れしたり、破損したりしてしまうことがある。

現状と問題点

コンテナ内の各荷物の重量によっては、段積みすることで下部の荷物が破損したり、つぶれたりする。段ボール箱の大きさはケースバイケースで統一されていない。

また、段ボール箱では強度が弱く対応できない重量物の場合は、コスト高になるが木箱を使うことも多い。

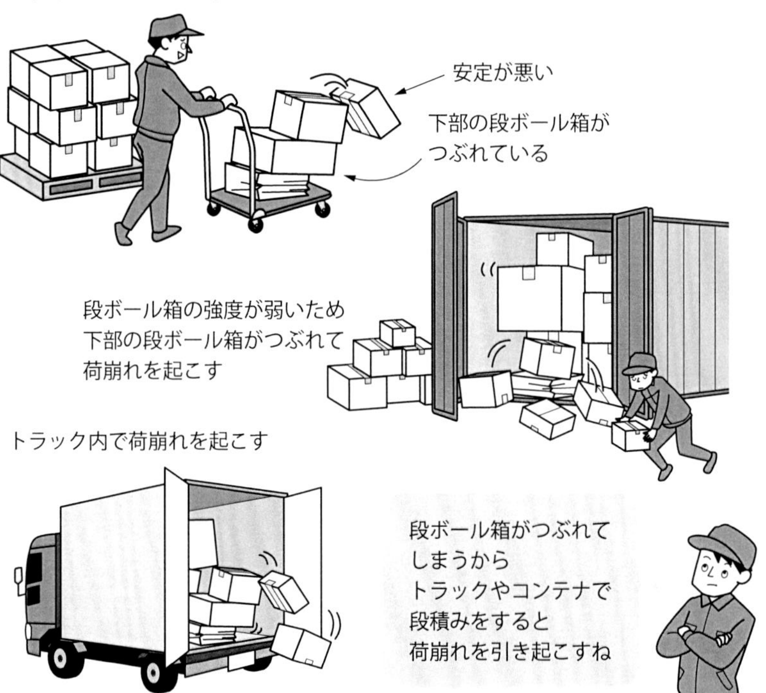
安定が悪い
下部の段ボール箱が
つぶれている
段ボール箱の強度が弱いため
下部の段ボール箱がつぶれて
荷崩れを起こす
トラック内で荷崩れを起こす
段ボール箱がつぶれて
しまうから
トラックやコンテナで
段積みをすると
荷崩れを引き起こすね

強化段ボール箱を導入し、コンテナの充填率を向上させた。重量物の梱包においては木箱などから強化段ボール箱に代替することで、同等の効果を安価に得ることが可能になる。

標準化された同一サイズの
強化段ボール箱を使っているので
荷崩れしない

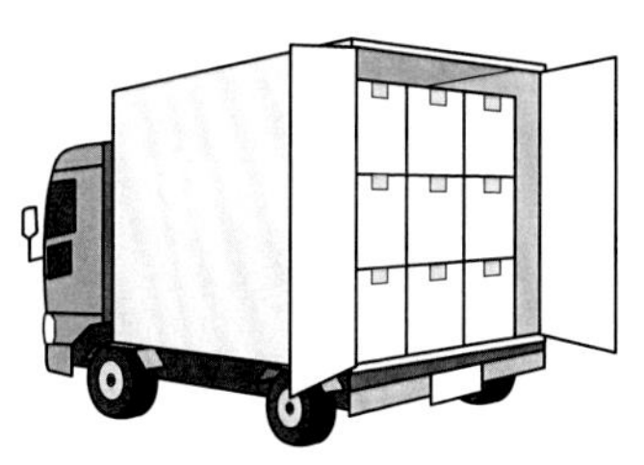

普通の段ボール箱から
強化段ボール箱に
切り換えたことで
荷崩れが減少したね

改善の視点：強化段ボール箱の特性を理解

強化段ボール箱の特性を理解することで改善の選択肢が増える。強化段ボール箱は生鮮食品などの梱包にも活用できる。生鮮食品、野菜などの梱包で通常の段ボール箱を使うと、段ボール箱が湿気、水分を吸収し、強度が落ちることがあるが、防水機能を備えた強化段ボール箱に切り替えることで、そのようなこともなく鮮度を保つこともできる。

標準化のポイント解説は ☞ 100ページ

標準化の事例

5-2 パレット荷役の改善

☆ ☆ ☆

パレット単位で出荷している荷物のパレット（空パレット）が納入先で滞留してしまい、回収が思うように進まない。

現状と問題点

パレット単位の出荷荷物は納入先で段ボール箱単位などに崩され、カゴ台車などに入れられて、小売店舗などに送られる。小売店舗でフォークリフトの稼働スペース、荷物の保管スペースなどを十分に確保できないために、一貫パレチゼーションを実現できない。

パレットからカゴ
台車に積替えると
時間も労力も
かかるね

パレットからカゴ台車に積替え

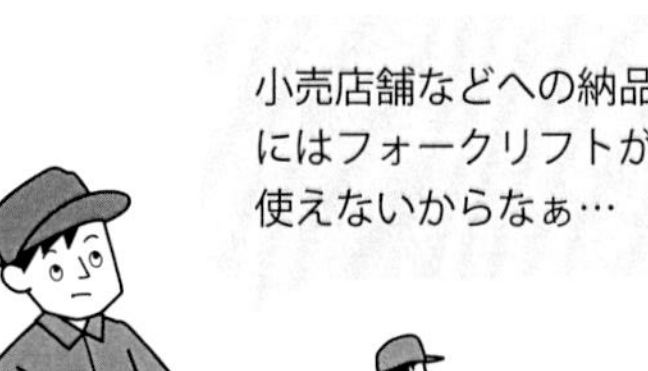

小売店舗などへの納品
にはフォークリフトが
使えないからなぁ…

店頭ではフォークリフトは
ムリですよ

ハンドリフトが
いいよね

フォークリフトが使いにくい小売店舗への納品では、ハンドリフト（パレットトラック）を使用することを前提に片面四方差しのT11型パレットに統一して、工場から卸売業の物流センター、小売店舗までの一貫パレチゼーションの実現を目指す。

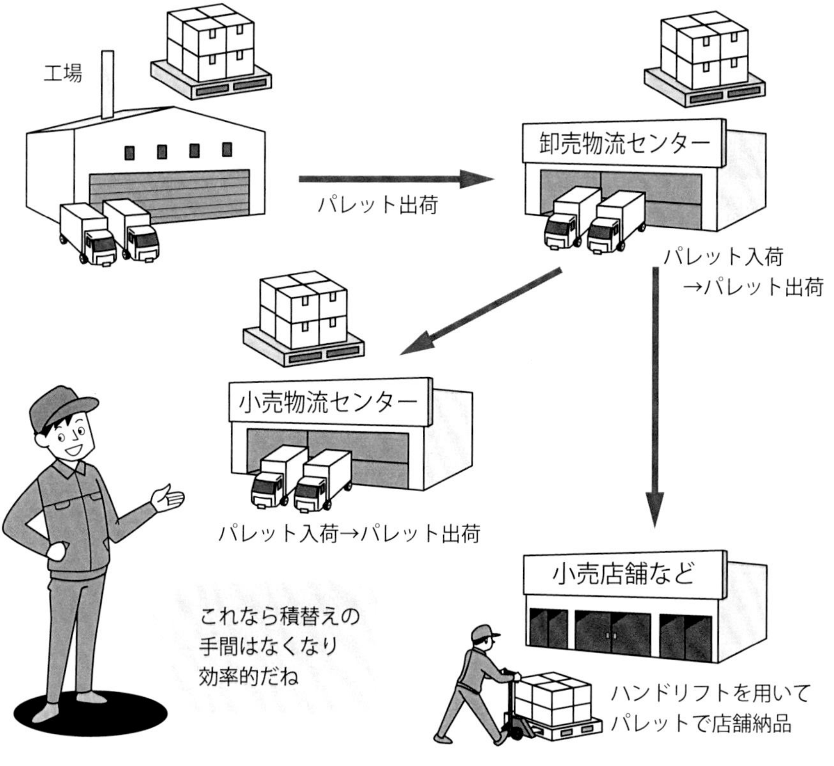

工場

パレット出荷

卸売物流センター

パレット入荷
→パレット出荷

小売物流センター

パレット入荷→パレット出荷

小売店舗など

これなら積替えの
手間はなくなり
効率的だね

ハンドリフトを用いて
パレットで店舗納品

改善の視点：ハンドリフト

ハンドリフトは手動式のフォークリフトのようなもので、フォークリフト運転技能講習を修了していない作業者でも運搬に使用することができる。また、細かい操作が可能で、狭い店舗などへの納入を円滑に行うことができる。一貫パレチゼーションを推進するうえで不可欠なツールである。

標準化のポイント解説は ☞ 101ページ

標準化の事例

5-3 人材配置の適正化

☆☆

物流現場の作業者数の管理ができていない。そのため、ピーク期に作業者が足りなかったり、閑散期に作業者が多すぎたりして困っている。

? 現状と問題点

それぞれの作業におけるシフト表の作成や作業者数の管理などは現場責任者に一任している。ただし、熟練作業者と初心者ではこなせる作業量が異なるため、熟練作業者の作業量がどうしても多くなりがちである。一方で初心者に対しては、「慣れない作業でも数をこなせば対応できる」と考えて、多めに作業を割り当てることもある。

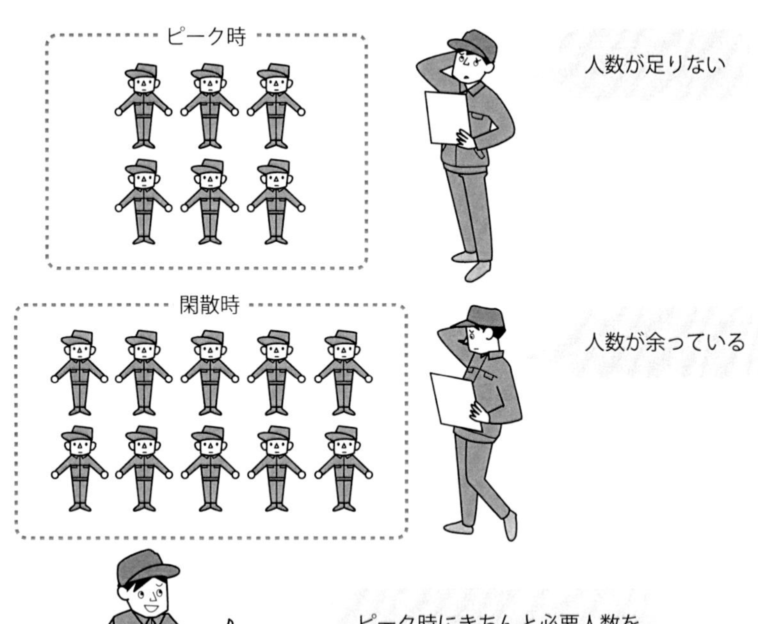
ピーク時
人数が足りない
閑散時
人数が余っている
ピーク時にきちんと必要人数を
確保したいね

標準的な作業をこなせる作業者に加え、作業が早い熟練作業者と作業が遅い初心者がいることを念頭に、作業者のレベルを3段階に分けて、それぞれの作業量を割り出して、適正人数と人員配置を決める。また、定期的に各作業現場の責任者が打ち合わせを行い、全体の総作業量を把握できるようにする。

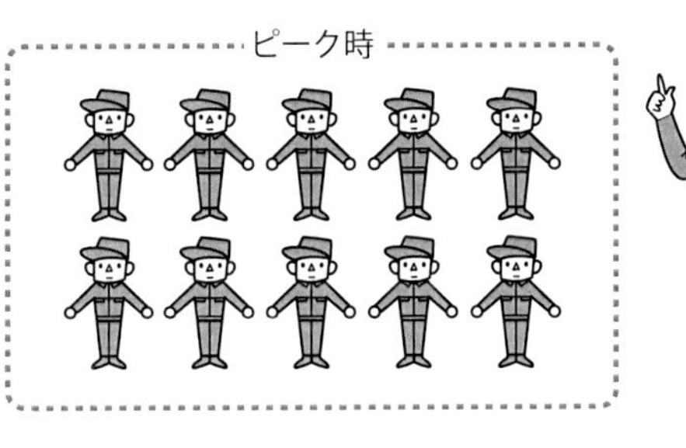

人数を確保
できてるね

これで十分
だよね

作業総量も把握できてるし
作業もバラツキなく標準化できてるね

改善の視点：人時生産性に着目

人時とは「作業者1人の1時間の作業量」のことで、物流工程における人時生産性（円）［粗利益高÷総人時（従業員数）］は、社員、パートタイマー、アルバイトなどの従業員すべてを対象としての労働時間1時間当たりの生産性を示す計数である。ピッキング、仕分け、梱包などの物流工程についてライン別、時間別、あるいは個人単位で数値をとり、分析することが可能である。

標準化のポイント解説は ☞ 102ページ

標準化の事例

5-4 倉庫の労災管理

☆☆

はい付け（荷物を積上げたり卸したりする作業）や積込み作業で「もう少しで大きな事故につながってしまうところだった」という事態が何度か発生している。

現状と問題点

段ボール箱の運搬などが多い現場にもかかわらず、事故防止のための作業の姿勢や動作、手順、時間などについて作業標準が定められていない。作業特性に合わせて作業手袋や脚立などが用意されていない。作業着や安全靴の正しい使い方を知らない作業者がいる。

運搬にはずいぶん
歩かないといけないね

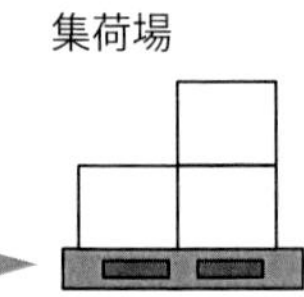

足場の不安定な場所で
積み付けなどはしてはいけないよ

改善案

作業の姿勢や動作、手順、時間などについて標準化を行う。中腰の姿勢で繰り返し作業をしたり、長時間屈んだままの同一姿勢で作業を行う場合などは腰痛を誘発するリスクがある。適切な作業手袋や脚立などを選定し、作業着や安全靴を正しく使うように指導する。

安定した足場
動線が短い運搬
荷崩れなどの恐れのある場合は
荷物はしっかり固定する
防護網も必要に応じて使う

 改善の視点：危険を回避する措置

はい付けや積込みは定められた方法で行い、荷崩れなどの恐れがある場合には荷物をしっかり固定し、防護網を使うなどの措置を必ず講じる。ムリなはい付けや積込みはせずに、危険を察知したら速やかに作業を中止する。なお、2m以上の高所作業においてはヘルメットと安全帯を必ず着用し、必要に応じて脚立などを適切に使う。

標準化のポイント解説は ☞ 103ページ

5-5 倉庫の防災管理

☆☆

改善前 アルコール濃度の高い物品を取り扱っているため、その保管体制、管理体制をしっかりと構築しておく必要がある。

現状と問題点

香水、アルコールスプレー、オリーブ油などの化粧品や日用品などでも、危険物倉庫に保管しなければならない品目があることが十分に認識されていない。また指定場所以外で喫煙している作業者についても「忙しいのでなかなかたばこが吸えないから仕方がない」と見逃すこともある。

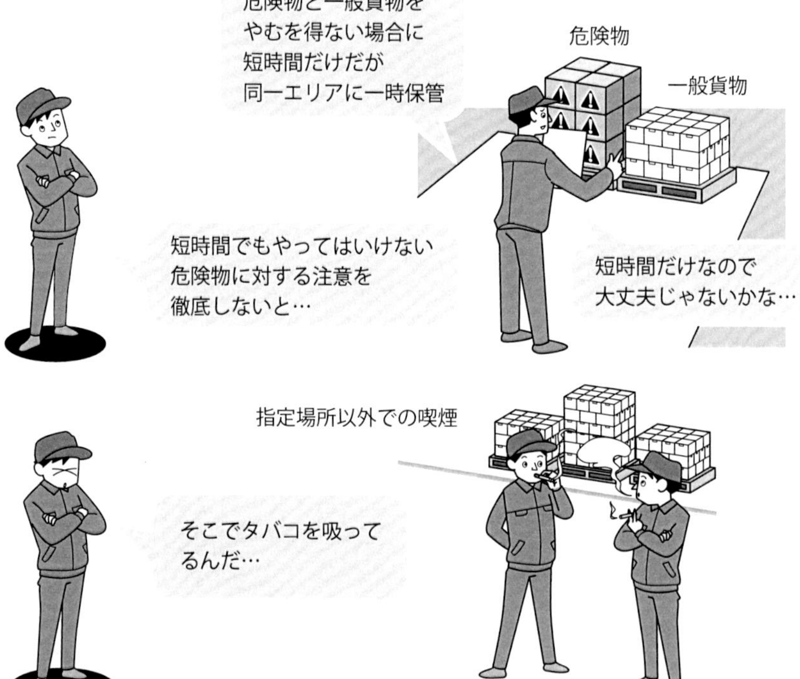

危険物と一般貨物を
やむを得ない場合に
短時間だけだが
同一エリアに一時保管
危険物
一般貨物
短時間でもやってはいけない
危険物に対する注意を
徹底しないと…
短時間だけなので
大丈夫じゃないかな…
指定場所以外での喫煙
そこでタバコを吸って
るんだ…

改善案

アルコール濃度の高い物品などは危険物倉庫に必ず格納する。「出荷頻度が高く、アルコール濃度の低い一般製品と荷合わせをした方が効率的だ」といった考え方は絶対にしないように注意を徹底する。喫煙管理は、作業者に対する講習なども行い、指定場所のみでの喫煙を徹底し、現場への火気の持ち込みを禁止する。

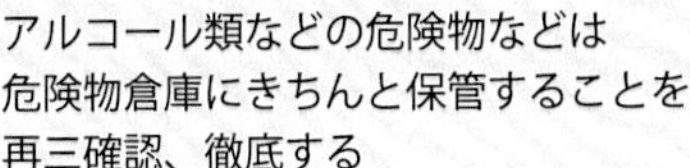

火気は庫内に絶対に
持ち込まない
アルコール類などの危険物などは
危険物倉庫にきちんと保管することを
再三確認、徹底する

改善の視点：喫煙管理

倉庫とその周辺は禁煙とし、喫煙は指定場所のみでしかできないようにする。指定場所以外で喫煙している作業者を見つけたら、必ず注意するように徹底する。喫煙場所の表示は明確にし、5S（整理・整頓・清掃・清潔・躾）を励行する。とくに吸殻管理には気を配りたい。また灰皿には必ず水を張り、消火用具を近くに置く。

標準化のポイント解説は ☞ 104ページ

強化段ボール箱で改善 ☆☆☆

３層構造になっている強化段ボール箱は木箱に匹敵する強度があり、内側が緩衝材の機能を発揮して、内容物のダメージを防ぐ。使い捨てではなく複数回の使用が可能で、フォークリフト荷役、一貫パレチゼーション（発地から着地まで同一パレットによる荷物輸送）による標準化に貢献する。

強化段ボール箱の活用事例

改善前

通常の段ボール箱の場合、うまく積み込んでも不安定で荷崩れを起こしやすい。段ボール箱の大きさが異なっていると、積載量も把握しにくい

才数を標準化した強化段ボール箱の導入

改善後

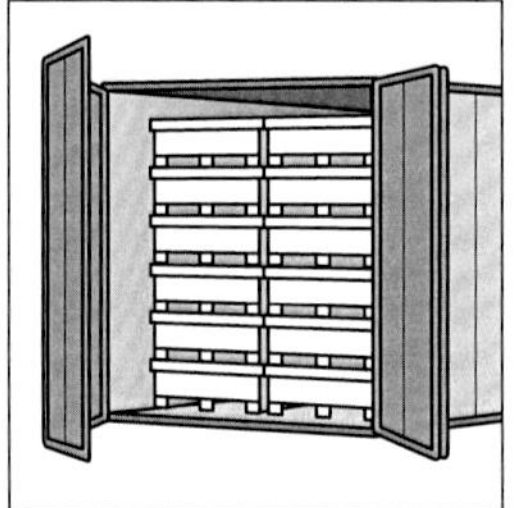

トラック荷台や輸出コンテナ内の積載率を大幅に向上させる

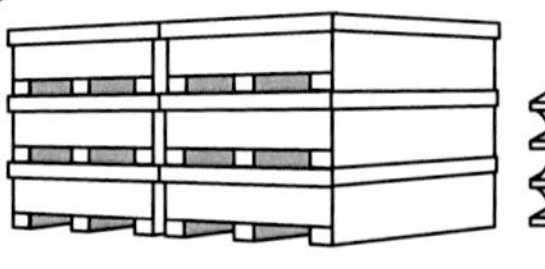

強化段ボールの断面

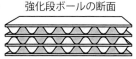

強化段ボール箱を用いた荷姿の標準化で保管効率などを向上させることができる

コストメリットを考えた強化段ボール箱の導入

強化段ボール箱の導入は、通常の段ボール箱との比較に加えて、木箱との比較でコストメリットを考えるとよい。通常の段ボール箱に比べて積み重ねた場合、トラック輸送の際の積載率向上が向上する。さらに木箱と比べた場合、輸出梱包ならばくん蒸処理が不要になるし、レンタルパレットシステムの導入なども可能になる。

フォークリフトによる荷役が原則 ☆☆☆

パレット単位の荷姿ではフォークリフトによる荷役が原則となる。しかし、フォークリフト免許の取得者が少ない場合などは、免許なしでも運搬ができるハンドリフトを導入することになる。ただし、ハンドリフトは片面差しのパレットのみで使用可能で、両面差しパレットには対応していない。したがって、その点を踏まえて、「片面使用にするか両面使用にするか」、使用タイプを統一する必要がある。

ハンドリフトの作業手順と確認事項

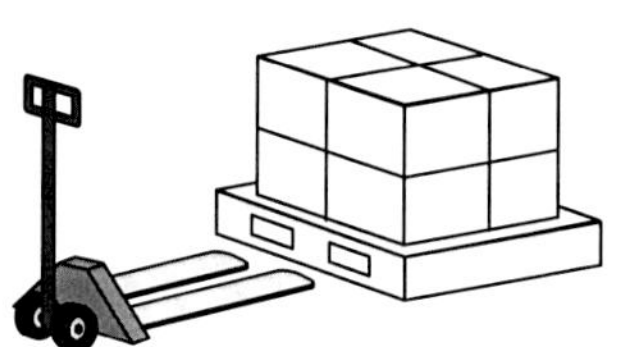

【作業手順】

①ハンドリフトのフォーク部分を手動でパレットに差し込む
②ハンドリフトの持ち手を下方に押し付けて当該パレットを持ち上げる
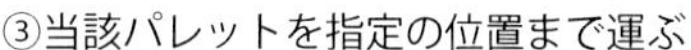
③当該パレットを指定の位置まで運ぶ
④指定位置で持ち上げた当該パレットを卸す
⑤安全を確認しながらハンドリフトのフォーク部分を抜き取る

【確認事項】

①空間部分の高さを確認して、
②「低床式（最低位 65mm 以下）」「高床式（最低位 80mm）」のいずれを使うかを確認する
③ハンドリフトの汚れを確認し、必要ならばふき取るなどの処置を行う
④ハンドリフトのフォークの根元部分などに亀裂や破損などがないかを確認し、それらがあれば、責任者に報告し、交換、修理などを行う
⑤ハンドリフトの車輪部分から異音、異常がないか、あるいはタイヤなどが破損していないかを確認する。また油圧についても確認する

レンタルパレットの検討

一貫パレチゼーションを実践する際には、「どのように空パレットを回収するか」がボトルネックとなることがある。使用するパレットの全体量も把握しにくい。その場合、自社パレットのみで対応するのではなく、レンタルパレットシステムを導入することなどで一連のプロセスにかかる負荷を軽減できる。

標準人時を設定して標準作業手順書を作成 ☆☆

物流工程の各現場について、ピーク期、通常期、閑散期の各作業の標準人時を設定し、その標準人時に合わせて各現場の標準作業手順書を作成して作業者数を決める。人時生産性が低い場合には、作業者の再教育、現場の段取りの見直し、作業プロセスなどの改善、班やチームなどの再編成などを対応策として打ち出す。作業者が「どのように作業を行えば効率的か」ということも入念に検討する。

標準作業手順書の作成のポイント

入荷・入荷検品	迅速な入荷処理⇒入荷手順の標準化 アイテム・数量の確認⇒入荷検品手順の標準化、検品項目の設定
ピッキング	迅速なピッキング処理⇒ピッキング順路および手順の標準化 誤ピッキング率の最小化（アイテム間違い、数量間違いに注意）
仕分け	迅速な仕分け処理⇒仕分け待機場所および仕分け手順の標準化 誤仕分けの回避（方面別、出荷先別の仕分けの徹底）
包装・梱包	迅速な梱包処理⇒梱包手順の標準化 荷姿・包装単位の統一（段ボール箱、クレート、パレットなど）
出荷・積込み	迅速な出荷処理⇒出荷手順の標準化 正確な積込み（積載荷物の安定、積み付け位置の標準化など）

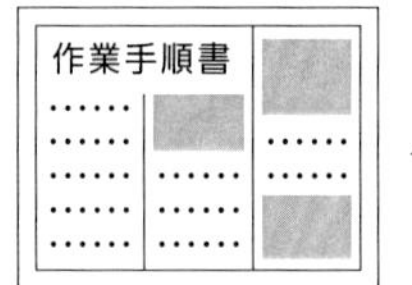

写真なども用いたわかりやすい作業手順書の作成が望ましい

作業量の平準化を図る

作業量のバラツキを抑えて平均化することを「平準化」というが、作業の標準化を進めることで平準化を実現することも可能になる。とくに各作業者の業務量の平準化を図るためには、「各作業の分量がどれくらいで、どれくらいの作業頻度と作業量で処理すれば均一化されるか」を知る必要がある。標準化された作業手順で、標準的な作業頻度と作業量をこなすことが平準化への足掛かりとなる。そのためには作業手順書などの作成が不可欠となる。

標準化のポイント：5-4 倉庫の労災管理

安全な作業に留意 ☆☆

手荷役を可能な限り少なくしたうえで、やむを得ない手荷役によるはい付け、積込み作業については、床面などに必要に応じて滑り止めマットを敷き、荷物の落下を防ぐための滑り止め付き作業手袋などを使用基準を定めて活用する。また、冷蔵倉庫内では床面が滑りやすいことを十分考慮して、氷上耐滑安全靴や耐滑冷蔵倉庫内安全長靴などを着用する。なお、はい付け、はい崩し作業において、はい作業主任者を選任する。

倉庫の労災管理のポイント

危険物、高熱物などを取り扱う作業や高所での作業はできるだけ避け、合理化できるかどうかを検討する

作業手順（例）

①作業着、安全靴が適切に着用されているかを確認
②保護帽をしっかりと着用する
③積み荷のスペースを確認する
④積み荷を点検する
⑤安全な立ち位置を確認する
⑥注意事項を守り、安全を確認して作業を行う
⑦作業後の状態の安全を確認する

安全教育による標準化の推進

・事故を防ぐためには従業員の作業熟練度を高める
・安全に対する意識を高める教育、研修、訓練を繰り返し、組織的に行う

作業着などの使用方法の適正化

ボタンを留め、ファスナーを締める。ヘルメット、作業手袋、安全靴なども規則を守り着用する。また体型に合った動きやすい作業着を選ぶ

本来の目的以外の使用を避ける

物流現場の機器、容器などを本来の目的以外で用いることで事故が発生するリスクが高まる。たとえば、フォークリフトに積載してあるパレットを足場として高所作業を行ったために事故が発生することがある。また、空の段ボール箱、通い箱、クレートなどが足元に広がっている状態で手荷役を行えば、足をとられてつまずいたり、転倒したりする恐れがある。荷物を抱えていれば大きなケガにつながることもある。足元、足場をしっかり確保したうえで作業を行うように指示を徹底する。

避難路の確保 ☆☆

火災で火の粉が上がり逃げ場を封じることがないように、倉庫では戸口の近くに荷物をはい付けしないように注意する。荷物に火が付いた時に戸口の開閉に支障をきたす恐れも出てくる。

また、はい崩れなどの際に容器などの破損で内容物が漏出するなどして、他の荷物に2次的な被害を与えるリスクがある荷物、たとえばビールなどのビン入り飲料、化学薬品、食品、紙袋などに入った粉末状の物品、機械類などの混蔵はできるだけ避ける。

倉庫における喫煙管理のポイント

喫煙管理

倉庫とその周辺は禁煙とし、喫煙は指定の場所のみ

↓

喫煙場所の表示は明確にして5Sを励行

↓

吸殻管理の徹底：灰皿には必ず水を張り消火用具を近くに置く

指定場所以外での喫煙者を見つけたら、必ず注意！

倉庫防災のポイント

項目	注意点
警備強化	倉庫が夜間などに無人になるようならば、見回りの徹底などの警備体制を強化する。夜間などの無人状態の際に放火などが行われたり、火災で火の粉が広がったりするのを防ぐ
廃棄物の処理	たとえば倉庫内から発生した廃棄物などの処理に際しては、必ず収集日の当日朝に集荷指定場所に出すようにする
夜間照明	倉庫の周囲は夜間についても照明などを整備して明るくする
補修の徹底	塀や門扉などが破損しており補修、修理を必要とする状態ならば、速やかに対応する

警備も含め防災対策を徹底

自然発火の恐れのある荷物の保管に際しては温度、湿度が正常値（適正値）であるかどうかを常に注意して、必要に応じて換気などを十分に行い、清掃、清潔を徹底する。また自然発火のみならず、放火などにより火災が発生してしまうケースもあるので、不審な侵入者が作業現場、保管エリアなどに入り込まないように警備を徹底する。

資料編

標準化に役立つ物流KPI一覧表

	KPIと計算式
輸配送	積載率（積載効率） 積載率（%）＝積載トン数÷積載可能トン数×100
	実車率 実車率（%）＝積載走行距離÷総走行距離×100
	トラック実働率（稼働率） トラック実働率（%）＝稼働日数（時間）÷総日数（時間）×100
	運行効率 運行効率（%）＝積載率×実車率×トラック実働率×100
	配送効率（単位配送時間） 配送効率（時間）＝配送行為総時間÷配送件数
在庫・保管	在庫回転率 在庫回転率（%）＝売上高（所要量）÷平均在庫高（平均在庫量）×100
	棚卸差異率 棚卸差異率（%）＝差異点数÷棚卸総点数×100
	欠品率 欠品率（%）＝欠品発生件数÷総受注件数×100
	保管効率 保管効率（%）＝現状の保管物量（トン数、あるいはパレット数など）÷限界保管量（トン数、あるいはパレット数など）×100
	梱包空間率 梱包空間率（%）＝梱包空間÷最大梱包可能空間×100
	スペースロス率 スペースロス率（%）＝ロススペース÷保管スペース全体×100
荷役	誤検品率 誤検品率（%）＝誤検品件数÷総検品数×100
	誤ピッキング率 誤ピッキング率（%）＝ピッキングミス行数÷ピッキング総行数×100
	誤出荷率 誤出荷率（%）＝誤出荷クレーム件数÷総出荷数×100
	カゴ台車紛失率 カゴ台車紛失率（%）＝カゴ台車紛失数÷カゴ台車保有総数×100

コンテナの基本知識

●コンテナの種類

ft：フィート、t：トン

20ft（6,096mm）、40ft（12,192mm）の2種類が中心。その他、用途に応じて次のものがある。また、運搬について、鉄道、海上、航空用にそれぞれ規格がある。
・ドライコンテナ（有蓋コンテナ）
・リーファーコンテナ（低温輸送）
・サーマルコンテナ（冷蔵コンテナ）
・ハンガーコンテナ（衣類用）

鉄道コンテナ	・12ftコンテナ（5tコンテナ）がもっとも一般的なコンテナ。T11型パレットならば6枚の積み付けが可能 ・20ftコンテナは海上コンテナと同サイズで、T11型パレットならば10枚の積み付けが可能 ・31ftコンテナはトラックならば10t車の積載量に相当し、T11型パレットで16枚の積み付けが可能
海上コンテナ	20ftコンテナ、40ftコンテナが主力。通常のコンテナであるドライコンテナに加え、リーファー（冷蔵）コンテナ、ハンガーコンテナなどがある
航空コンテナ	飛行機の積み荷ラッシング装置に固定できるタイプのもの（イグルー）やパレットとネットを組み合わせたタイプ、主部貨物室用、下部貨物室用などがある

●コンテナの寸法

寸法	長さ	幅	高さ	オンシャーシ高※
20ft	6m	2.5m	2.6m	3.8m
40ft（8'6"）	12m	2.5m	2.6m	3.8m
40ft（9'6"）	12m	2.5m	2.9m	4.1m

※トラック等の車高：国内法では3.8mが最大寸法である。高さ9ft6インチの海上コンテナを積載して車高が4.1mとなる車両については、あらかじめ指定された経路において許可を受けて通行することができる

●道路法（車両制限令）

〈道路法に基づく車両の制限〉
「道路法」では道路の構造の保全、交通の危険を防止するため、道路を通行できる車両の幅、重量、高さ、長さなどの最高限度が定められている。この最高限度を超える車両は、原則として、道路を通行させてはならない。

〈トラックなどの最高限度〉
幅2.5m、高さ3.8m（ただし、指定道路を走行する車両は車高4.1m）、長さ12m（ただし、高速自動車国道を走行するセミトレーラ連結車およびフルトレーラ連結車はそれぞれ16.5m、18m）、軸重10t、隣接軸重ー隣接軸距に応じて最大20t、輪荷重5t、総重量20t（ただし、高速自動車道国道および指定道路を走行する車両は車長および軸距に応じて最大25t、また、バン型のセミトレーラ連結車などの一定車種のセミトレーラ連結車およびフルトレーラ連結車は軸距に応じて高速自動車道国道で最大36t、その他の道路で最大27t）、最小回転半径12mと決められている。

出典：道路法

資料編

包装貨物の荷扱い図記号

出典：JIS Z0150：2018

名称	図記号
壊れもの、取扱注意	
上積み段数制限	 n
上積み禁止	
つ（吊）り位置	
温度の制限	
取扱注意	
ハンドトラック使用制限	

名称	図記号
フォーク差込み禁止	
クランプ禁止	
上積み質量制限	 ＜XXkg
上方向	
水ぬれ防止	
重心位置	
転がし禁止	

レンタルパレットの寸法例

種類	寸法	仕様	荷重	備考
11型木製パレット	1100L×1100W×144H（mm）	両面二方差し	作業時：1t　静設置時：4t（4段積み）	JIS規格
12型木製パレット	1000L×1200W×144H（mm）	両面二方差し	作業時：1t　静設置時：4t（4段積み）	JIS規格
13型木製パレット	1100L×1300W×144H（mm）	両面二方差し	作業時：1t　静設置時：4t（4段積み）	JIS規格
14型木製パレット	1100L×1400W×144H（mm）	両面二方差し	作業時：1t　静設置時：4t（4段積み）	JIS規格
25型木製パレット	1200L×1500W×134H（mm）	両面二方差し	作業時：1t　静設置時：4t（4段積み）	JIS規格
11型プラスチック製パレット	1100L×1100W×150H（mm）	片面四方差し	作業時：1t　静設置時：4t（4段積み）	ハンドリフト対応
11型プラスチック製パレット	1100L×1100W×144H（mm）	片面四方差し	作業時：1t　静設置時：4t（4段積み）	自動倉庫対応
12型プラスチック製パレット	1000L×1200W×130H（mm）	両面二方差し	作業時：1t　静設置時：4t（4段積み）	冷凍・冷蔵対応
12型プラスチック製パレット	1000L×1200W×150H（mm）	片面四方差し	作業時：1t　静設置時：4t（4段積み）	ハンドリフト対応
13型プラスチック製パレット	1100L×1300W×132H（mm）	両面四方差し	作業時：1t　静設置時：4t（4段積み）	袋物・製ビンの積み付けに対応
14型プラスチック製パレット	1100L×1400W×144H（mm）	両面二方差し	作業時：1t　静設置時：4t（4段積み）	袋物の積み付けに対応
14型プラスチック製パレット	1100L×1400W×140H（mm）	両面二方差し	作業時：1t　静設置時：4t（4段積み）	自動倉庫対応
15型プラスチック製パレット	1150L×1500W×145H（mm）	両面二方差し	作業時：1t　静設置時：4t（4段積み）	
ビールパレット	1100L×900W×140H（mm）	片面四方差し	作業時：1t　静設置時：4t（4段積み）	ビール業界対応

L：長さ、W：幅、H：高さ、t：トン

出典：ユーピーアール株式会社のホームページ

国際貨物の梱包

梱包の種類	解　説
パレット梱包	輸出貨物の梱包としてはもっともオーソドックスな方法。段ボール箱などに入れられた貨物をパレットに積み付けて、PPバンド、ストレッチフィルムなどで固定する
スキッド梱包	コンテナを外装容器と見なし、木箱などで外装することはせずに、スキッドに貨物を固定し、コンテナで輸送する
木箱梱包	内容物が見えないように木箱で密封、梱包。精密機器、重量物などの海外輸出に用いられる。輸出梱包木材の規制のある国への輸出に際してはくん蒸処理、熱処理が必要
バリヤ梱包	バリヤメタルで貨物を覆い、梱包。船便など、湿気に弱い貨物の輸出などに用いられる

出典：諸資料をもとに作成

ABC分析

商品ごとに売上高・出荷量などを把握し、全体に占める各商品の売上高・出荷量などの割合を出す分析方法のことを「ABC分析」という。

売上高・出荷量などの70～80%程度を占める商品がA品目、総出荷量（または売上高総額）の80～90%程度に達する商品がB品目、残りの商品がC品目（**図表1**）。なお、この他のまったく動きのない死に筋商品をD品目ということもある。

分類ごとにアイテム数などを管理することで、在庫環境を向上させ、過剰在庫を防ぐことができる。物流センターなどにおける荷役作業の効率を大幅に向上させることも可能になる。

また、物流センターの庫内レイアウトなどについてもABC分析の結果を考慮して行うことができる（**図表2**）。

図表1　ABC分析とは（一例）

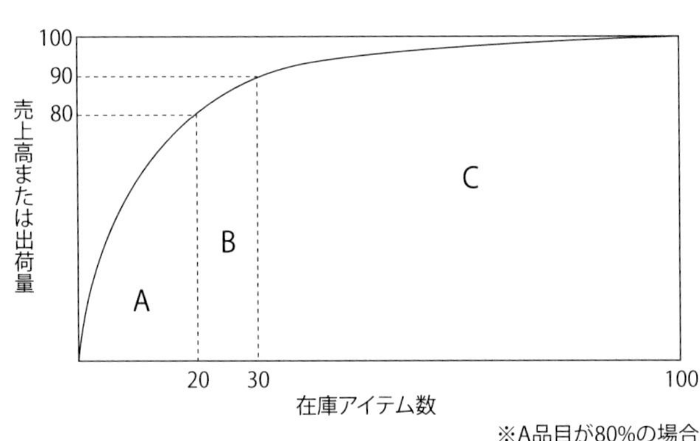

図表2　ABC分析と在庫管理

分類	在庫管理の方針	物流センターなどにおける在庫管理、保管方法、発注法
A	常に在庫状況をチェック	日々の出荷のバラツキ、リードタイムなどを考慮し、個々の商品の状況を注視。パレットで平置きし、フォークリフトで荷役作業を行うのが効果的。定期発注法が採用されることも多い
B	入念に在庫状況をチェック	出荷高（売上高）の推移、変化を常に注意。流動ラックや高速自動倉庫で保管。定量発注法が望ましいとされる
C	常備品として欠品の生じない適切な在庫量を保持	やや大まかな在庫管理。保管効率が高い回転式ラックなどを活用。定量発注法が望ましいとされる
D	すみやかに在庫を処分、廃棄・廃番にする	死に筋商品、陳腐化商品については、「どのような状況になったら廃棄するのか」というルールをきちんと決めておく

主要参考文献

『図解 国際物流のしくみと貿易の実務』、鈴木邦成著、日刊工業新聞社、2010年

『コストダウン50のチェックノート』、平居義徳著、PHP研究所、1989年

『最新 物流ハンドブック』、日通総合研究所編、白桃書房、1991年

『新物流実務辞典』、産業調査会事典出版センター、2005年

『物流改善』、長谷川勇・波形克彦著、経林書房、1995年

『図解 すぐに役立つ物流の実務』、鈴木邦成著、日刊工業新聞社、2011年

『物流改革の手順』、平野太三著、出版文化社、2014年

『物流現場改善推進のための手引書』、日本ロジスティクスシステム協会、2007年

『物流コスト徹底削減の具体策』、診断士物流研究会編、経林書房、1995年

『物流コストの計数管理/KPI管理ポケットブック』、鈴木邦成著、日刊工業新聞社、2015年

『物流事業者におけるKPI導入の手引き』、国土交通省、2015年

『物流センター&倉庫管理業務者必携ポケットブック』、鈴木邦成著、日刊工業新聞社、2018年

『物流・流通の実務に役立つ 計数管理/KPI管理ポケットブック』、鈴木邦成著、日刊工業新聞社、2014年

『荷役合理化のキーワード』、梁瀬仁著、ファラオ企画、1992年

『図解 よくわかるこれからの物流』、河西建次・津久井英喜編著、同文館出版、2003年

索引

著者略歴

鈴木邦成（すずき　くにのり）

物流エコノミスト、日本大学教授（在庫・物流管理などを担当）。一般社団法人日本SCM協会専務理事、一般社団法人日本ロジスティクスシステム学会理事、日本卸売学会理事。パレットなどの物流機器のレンタル・販売の大手、ユーピーアールの社外監査役も務める。

専門は物流およびロジスティクス工学。

主な著書に『物流センター＆倉庫管理業務者必携ポケットブック』、『トコトンやさしい小売・流通の本』、『お金をかけずにすぐできる 事例に学ぶ物流現場改善』、『運行管理者（貨物）必携ポケットブック』、『物流コストの計数管理/KPI管理ポケットブック』、『トコトンやさしい物流の本』、『物流・流通の実務に役立つ計数管理/KPI管理ポケットブック』『図解 物流センターのしくみと実務第2版』、『新・物流マン必携ポケットブック』、『アジア物流と貿易の実務』、『図解 すぐ役に立つ物流の実務』、『図解 国際物流のしくみと貿易の実務』、『図解 物流の最新常識』、『トコトンやさしいSCMの本 第3版』、『絵解きすぐできる物流コスト削減』、『絵解きすぐわかる産業廃棄物処理と静脈物流』（以上、日刊工業新聞社）、『スマートサプライチェーンの設計と構築の基本』、『すぐわかる物流不動産』（公益社団法人日本不動産学会著作賞授賞）、『グリーンサプライチェーンの設計と構築』（以上、白桃書房）、『Toward Sustainable Operations of Supply Chain and Logistics Systems（EcoProduction）』（英語版、共著、シュプリンガー社）などがある。物流・ロジスティクス・SCM関連の学術論文、雑誌寄稿なども多数。

入門 物流（倉庫）作業の標準化
－バラツキを減らし、ムダとミスをなくす！－

NDC336

2020年４月20日　初版１刷発行
2024年５月10日　初版７刷発行

定価はカバーに表示されております。

©著　者　鈴木邦成
発行者　井水治博
発行所　日刊工業新聞社

〒103-8548　東京都中央区日本橋小網町14-1
電話　書籍編集部　03-5644-7490
　　　販売・管理部　03-5644-7403
　　　FAX　03-5644-7400
振替口座　00190-2-186076
URL　https://pub.nikkan.co.jp/
e-mail　info_shuppan@nikkan.tech

本文イラスト　岩井千鶴子
印刷・製本　新日本印刷株式会社(POD6)

落丁・乱丁本はお取り替えいたします。　2020 Printed in Japan

ISBN 978-4-526-08048-7